KB200912

# 수능 만점
# 비밀과외

아크미 지음

다산
에듀

# 수능 공부를 시작하려는 당신에게

해가 지날수록 수능에 대한 열기가 뜨거워지고 있다. 2024학년도 대학수학능력시험에서 N수생의 비율은 31.7%로 27년 만에 최고치를 기록했다. 응시자 3명 중 1명이 N수생이라는 것을 감안한다면 수능에 대한 관심과 경쟁이 치열해졌다는 사실을 알 수 있다.

'내신 시험을 망쳐서', '최저 등급을 맞추기 위해서', '모의고사 등급이 내신 등급보다 더 잘 나와서', '전년도 입시에서 원하는 결과를 얻지 못해서' 등 이유는 달라도 입시를 준비하기 위해서라면 반드시 수능을 공부해야 한다.

수능은 초등학교 6년, 중학교 3년, 고등학교 3년의 마침표를 찍는 시험이자 그동안의 노력의 결실이다. 대한민국 학생에게 부여되는 가장 중요한 목표이며, 자신의 모든 것을 쏟을 수 있는 과제다.

나는 고등학교 2학년 여름방학부터 본격적으로 수능을 준비하기 시작했다. 이전에도 내신 시험 공부를 하면서 수능 과목들을 접하긴 했지만 온전히 수능에 초점을 두고 공부한 것은 그즈음이었다. 그때부터 약 1년 반 동안 오직 '수능'에 집중했고, 결국 원하는 결과를 얻을 수 있었다.

수능이 끝난 뒤에는 입시 경험을 살려 과외, 학원 조교, 강사 연구원, 문항 출제, 학습 코칭 및 컨설팅 등 다양한 일을 했다. 그때 만난 학생들 중 나와 비슷한 걱정을 가진 학생도 있었고, 생각지 못했던 고민을 털어놓는 학생도 있었다. 내가 이 학생들을 가르치고 상담하면서 가장 많이 떠올린 생각은 "더 좋은 길이 있는데…"였다. 극소수의 학생들을 제외하고는 대부분 비효율적인 공부를 하고 있었다. 공부를 잘한다는 학생들도 마찬가지였다.

나는 그들에게 그동안의 공부 방식이 얼마나 비효율적이었는지를 단호하게 말했다. 성적이 제자리인 이유도 납득시키려 애썼다. 어떤 전략을 가지고 수능 공부를 해야 하는지, '공부의 본질'에 대해서도 알려주고자 했다. 내 설명을 받아들이고 이해하는 속도는 저마다 달랐지만, 모두 성적이 올라 원하던 결과를 얻을 수 있었다. 이런 경험을 통해 나는 등급과 상관없이 수능을 위한 공부의 본질은 따로 있음을 깨달았다.

이 책을 읽는 당신이 나의 결과만 보고 '머리 좋은 사람의 자기 자랑이겠지'라고 생각하지는 않을까 걱정된다. 하지만 나는 실제로 머리가 그렇게 좋은 편이 아니다. 고등학교 첫 모의고사 때는 전교 100등 안에도 들지 못했다.

나는 오직 공부량과 지속성, 그리고 피드백으로 승부했다. 성적이 안 올라 괴로운 적도 있었지만 전부 스스로 극복해 냈다. 이후 수능 컨설팅과 개인 과외 경험 등을 통해서 수험생들에게 도움을 주기도, 반대로 도움을 받기도 했다. 그 여정에서 깨달은 것과 등급별 공부 조언을 적절히 섞어 이 책에 담았다.

수능 공부에 '정답'은 없다. 하지만 '실력에 도움이 되는 방법'은 분명히 있다. 수능이 10년 동안 준비할 수 있는 시험이라면 이 책을 쓰지 않았을 것이다. 10년 뒤에는 모두가 엄청난 실력을 쌓을 것이기 때문이다. 하지만 실제 수능은 우리를 오래 기다려주지 않는다. 한정된 시간 안에 최대한 실력을 키우고 원하는 목표에 도달하려면 남들보다 효과적인 방법으로 접근해야 한다.

1부는 수능으로 승부를 보려는 '정시 파이터'에게 전하는 가장 본질적인 내용이다. 한 번의 시험으로 결정되는 수능에 내가 최적화된 사람인지 먼저 알아보자.

2부는 과목별 수능 공부의 방향성과 전략에 대한 내용이다. 기출과 EBS 활용법부터 과목별 공부 순서와 구체적인 방법까지 소개한다. 본인에게 맞는 공부법은 모두 다르기 때문에 공부법에 대한 얘기는 최소화하려고 했지만, 2부에 있는 공부법만큼은 꼭 습득했으면 한다. 내 것으로 만들어 활용한다면 엄청난 성적 향상을 이룰 수 있을 것이다.

3부는 공부만큼 중요한 공부 계획과 체력, 멘탈 관리에 관한 내용을 담았다. 간혹 공부법에만 집착하는 학생이 있는데 이는 주의할 필요가 있다. 지속적인 공부를 위해 공부법만큼이나 중요한 것이 체력 및 멘탈 관리, 생활 습관이다.

마지막으로 4부에서는 등급별 수능 공부 전략과 수험생에게 도움이 될 세부적인 조언을 담았다. 수능 직전에 보면 도움이 될 핵심만 담았으니 꼭 참고하길 바란다.

이 책을 읽는 당신은 이제 막 수능 공부를 시작하려는 학생일 수도 있고, 무참히 실패를 맛보고 처음부터 다시 시작하려는 N수생일 수도 있다. 어떤 경우든, '어떻게 공부해야 실질적으로 수능 당일에 도움이 될까'를 계속 고민하면서 끝까지 읽어나가길 바란다. 이 책은 당신의 수능 공부의 방향성을 확립하고 성공을 거두는 데 든든한 지침서가 되어줄 것이다.

# "너의 꿈에 한계를 정하지 말 것"

　학창 시절 반에서 아주 시끄럽고 장난기 넘치는 남자아이가 한 명쯤은 있지 않았는가? 내가 딱 그랬었다. 수업 시간에 떠들다가 교실 맨 뒤에 서 있는 것은 일상이었고, 담임 선생님이 부모님을 학교로 호출하신 적도 종종 있었다. 나는 확실히 모범생과는 거리가 먼 학생이었다.

　하루는 부모님이 학원 레벨 테스트를 해야 한다며 나를 어딘가로 데리고 가셨다. 나중에 알게 된 사실인데, 내가 본 테스트는 레벨 테스트가 아닌 집중력과 공감지수 검사였다. 이렇듯 치료가 필요한 정도의 산만함은 아니었지만 또래에 비해 차분하지 못하고 집중력이 부족했던 탓에 부모님이 꽤나 걱정을 하셨다.

　중학생이 되어서도 상황은 크게 달라지지 않았다. 그럼에도 공부를 하겠다는 의지는 있었기에 시험 기간에는 열심히 공부했다.

문제는 오래 집중하지 못한다는 것이었다. 게다가 친구들과 PC 방을 드나들기 시작하면서부터는 점점 공부를 소홀히 했다. 시험 기간을 제외하면 대부분의 시간을 놀면서 보냈다. 그럼에도 나름 상위권의 성적을 유지했다.

고등학교 입학 후 나에게는 충격적인 사건이 기다리고 있었다. 고등학교 첫 내신 시험에서 100등이 넘는 중하위권의 성적을 받았기 때문이다. 지금 생각하면 당연한 결과였다. 앉아서 2시간도 공부할 집중력도 없었고 무작정 교과서를 여러 번 읽고 문제집을 푸는 식으로만 공부했다.

시간은 흘러 고등학교 2학년 여름이 되었다. 당시 담임 선생님이 스승의 날에 서울대학교에 합격한 제자가 학교에 찾아올 건데, 선배와 상담하고 싶은 사람은 미리 신청하라고 하셨다. 공부의 길을 잃은 나는 한 치의 고민도 없이 상담을 신청했다.

30분가량 그 선배와 얘기를 나눴다. 짧은 시간이었기 때문에 세세한 공부법 등에 관해서는 알 수 없었지만, 선배가 어떻게 공부했는지에 대한 이야기는 대략적으로 들을 수 있었다.

선배와 이야기를 나눈 뒤 가장 처음으로 느낀 감정은 '나 자신에 대한 분노'였다. 선배는 평소 성적이 상위권이었음에도 하루에 10시간씩 공부했다고 했다. 심지어 1시간 일찍 등교해 가장 먼저 교실 문을 열고 들어와 공부했다고 한다. 나는 상위권도 아니면서 공부 시간도 선배보다 적었고, 어떻게 공부를 할지에 대한 생각도 하지 않았으며 목표만 높게 잡았다. 현실과 이상의 괴리가 존재할 수밖에 없었고 그 괴리는 결국 내가 만들어온 결과였다. 그 괴리를 좁히기 위해서는 현실을 높이든가, 이상을 낮춰야 한다는 생각이 들었다. 나는 고민 끝에 현실을 높이기로 다짐했다. 선배와의 대화는 내 공부에 대한 태도를 바꾸게 된 결정적 계기가 되었다.

가장 먼저 '공부하는 힘'을 기르기로 했다. 스스로를 돌아봤을 때, 공부하려는 의지는 있었지만 앉아서 공부하는 시간이 너무 적었다. 어떻게 공부하든 결국 절대적인 공부량이 뒷받침되어야 결과가 따라온다는 선배의 말을 떠올리며 10시간 이상 집중할 수 있는 힘을 기르는 것에 집중했다.

우선 여름방학 동안 하루에 10시간은 무조건 책상 앞에 앉아 있자고 스스로 약속했다. 처음에는 몸이 근질근질하고 집중도 안 됐다. 지금 생각해 보면 공부하는 시간보다 딴생각을 하는 시간이 더 많았을지도 모르겠다. 그래도 매일 10시간은 채우고 집으로 갔다. 굉장히 무식한 방법이라는 생각도 들지만, 공부하는 힘을 기르기 위해서 꼭 거쳐야 하는 과정이었다. 어느덧 10시간 동안 앉아 있는 것에 익숙해졌고 그중 온전히 공부에 집중하는 시간도 자연스럽게 늘어났다. 혼자 풀 수 있는 문제가 많아지고, 진짜 실력이 오르는 느낌이 들자 서서히 공부에 몰입하게 되었다.

이때부턴 공부가 재밌어졌다.

여름방학의 특훈이 효과가 있었는지 2학기에 본 모의고사 점수가 잘 나오기 시작했다. 나는 내신도 끝까지 챙기되, 수능 공부에 더 집중하기로 했다. '개념이 불안하면 아무리 많은 문제를 풀어도 의미가 없다'는 선배의 말을 다시 한번 떠올리며 기본 개념으로 돌아가 처음부터 다시 공부했다. 모든 과목의 인강을 다시 들었고, 강의 내용을 전부 내가 설명할 수 있다는 확신이 생길 때까지 반복했다. 이후 내신 공부를 하면서 평가원 기출 문제도 틈틈이 풀었다.

모든 과목의 개념과 기출을 고등학교 3학년이 되기 전에 한 번씩 볼 수 있었다. 이 과정을 거치며 본격적으로 정시 파이터가 되기 위한 발판을 만들었다. 한 가지 신기했던 건 내신 공부를 하는 시간은 전보다 훨씬 줄었는데 내신 점수와 등급은 올랐다는 점이다. 그동안 내신 점수가 낮은 것은 암기에 적합하지 않은 성향 때문이라고 생각했는데, 사실은 내 공부 실력이 부족했기 때문임을 깨달았다.

고등학교 3학년 겨울방학. 이때부터는 '아는 것을 늘리는 것'에 집중했다. 문제 풀이에 적용하면서 지식을 내 것으로 만드는 과정도 중요하지만, 일단 아는 것이 많아야 적용도 잘할 수 있다고 생각했다.

고2 때 들었던 강의와 기출을 복습하고, 새로운 강의를 찾아 듣기도 했다. 특히 국어와 수학 과목을 공부하며 '문제 자체'가 아니라 '공부 효율'에 대한 고민을 시작했고 수능 시험장에서 도움이 될 공부만 하려고 노력했다.

3월, 이때부터는 새로운 것을 배우기보다 내가 직접 문제를 풀어나가며 알아가는 것이 더 중요하다고 판단했다. 강의는 최소한으로 듣고, 미친 듯이 문제를 풀었다. 수학과 과학탐구는 시중에 존재하는 모든 문제집을 풀겠다는 각오로 공부했다. 특히 수학은 3월부터 8월까지 약 6개월간 시중 문제집만 50권 넘게 풀었다. 국어는 문제의 양보다는 생각의 양을 늘리는 것에 집중했다.

당시 가장 큰 고민은 N수생과 현역 학생의 공부량 차이였다. 현역 학생은 대부분의 시간을 학교에서 보내야 하고, 내신 공부 외에도 참여해야 할 활동이 많기 때문에 N수생보다 공부량이 적을 수밖에 없다. 어떻게든 공부량의 간극을 줄여야만 했다. 나는 공부량의 기준을 현역 학생이 아닌 N수생으로 잡았다. 학교에서도 'N수생들은 지금 이 시간에도 수능 공부를 하고 있을 것'이라는 생각으로 묵묵히 공부했다. 1~2교시는 국어, 3~4교시는 수학, 점심시간은 영어, 나머지는 탐구 공부를 하는 등 최대한 수능 시간에 맞춰서 체계적인 계획을 잡았다.

교실은 독서실이나 자습실보다 집중하기 힘든 환경은 맞다. 하지만 이런 소음까지 대비한다는 생각과 수능을 보는 시험장도 결국 교실이라는 생각으로 마음을 다잡았다. 나는 이렇게 고등학교 2학년 여름방학 이후로 단 하루도 빠짐없이 매일 10시간 이상씩 공부했다.

6월 모의고사에서 수학과 국어는 상반기에 많은 시간을 투자한 만큼 만족스러운 결과를 받았다. 겨울방학 때 했던 공부가 헛되지 않았다는 안도감과 자신감도 얻었다. 하지만 탐구 과목에서 생각보다 너무 낮은 점수를 받았다. 수학과 국어 공부에 신경 쓰느라 탐구 과목은 개념과 기출 외에는 시간을 들이지 못했다. 예상은 했어도 실망스러웠다. 그래서 하반기에는 탐구 과목에 집중했다. 이후 배웠던 내용을 적용해 문제를 풀고 피드백하는 과정을 반복하다 보니 하반기는 눈 깜짝할 새에 지나갔다.

수능 2~3주 전부터는 매일 수능과 똑같은 시간표와 수능 ASMR을 활용해 실전에 대비했다. 학교, 독서실, 스터디카페 등 장소를 옮겨 다니며 다양한 환경에서도 최대한 똑같이 집중할 수 있도록 했다.

나는 특히 국어 과목이 컨디션 영향을 많이 받는다고 느껴서 극한의 상황에서도 집중력을 유지할 수 있도록 시험 빌런 ASMR까지 들으면서 모의고사를 풀었다. 실제 수능 시험장에는 빌런이 없었지만, 익숙하지 않은 환경에서 연습을 한 것은 집중력이 흐트러지지 않도록 하는 데 큰 도움이 되었다. 실전 모의고사를 풀고 피드백하는 과정에서는 앞으로 같은 문제는 틀리면 안 된다는 생각으로 당장의 점수보다 피드백에 집중했다.

수능 일주일 전, 이때부터는 EBS와 지엽적인 개념을 공부하며 멘탈과 체력 관리에 힘썼다. 그러나 문제를 푸는 양은 줄어들지 않게 적절히 시간을 분배했다. 머릿속으로 수만 번은 상상했던 수능이 코앞으로 다가오자 모든 것이 꿈같았다. 잠에서 깨면 다시 고등학교 2학년일 것 같았다. 다음은 수능 6일 전에 휴대폰 메모장에 썼던 일기다.

### [수능 6일 전 (금요일)]

컨디션 조절을 위해 낮잠을 3시간 잤다.
아침에 도저히 깨어 있을 수 없어서 그냥 집에 와서 잤다.

빨리 끝내고 싶다. 피가 마르는 기분이다.
다음 주 이 시간에는 무슨 기분일까. 잘할 수 있을까.

사실 못 볼 거라는 생각은 딱히 들지 않고 크게 긴장되지도 않는다. 근거 없는 자신감일까? 이유 있는 자존감일까?
그건 다음 주가 되면 알 수 있겠지.

내가 지금 할 수 있는 것은 마무리 암기와 평소처럼 하루를 보내는 것이다. 하나라도 더 알고 시험장에 들어갈 수 있게 끝까지 파이팅하자.

일기에 쓴 것처럼 수능이 다가온다고 크게 긴장되지는 않았다. 아니, 실감나지 않았다. 평소처럼 해야 할 공부만 하면 된다고 마음먹고 하루하루를 보냈다.

그런데 마음과 달리 몸이 따라주지 않았다. 수능 이틀 전, 밤을 거의 꼴딱 새웠다. 너무 피곤한데 잠이 안 와서 정말 미칠 것 같았다. 그동안 불안하지 않았는데 '내일도 이렇게 잠을 못 자서 수능을 망치면 어떡하지?'라는 생각 때문에 점점 불안해졌다. 결국 그날은 1시간밖에 못 잤다. 내일이 아니라 차라리 오늘 잠을 못 잔 것이 다행이라고 생각하기로 했다.

평소처럼 아무도 없는 독서실 문을 열고 국어 공부를 조금 하다가 수험표를 받으러 학교에 갔다. 배정받은 시험장이 바로 앞의 학교였고, 홀수형이라서 다행이라는 생각이 들었다. 당장 내일이 수능이라는 것이 실감 나지 않았지만 마지막 공부를 하기 위해 다시 독서실로 향했다. 2년 동안 다녔던 독서실에 들어서자 묘한 기분에 울컥할 뻔했지만, 감정을 억누르며 실전 모의고사와 EBS를 정리했다. 그리고 시험 직전에 볼 정리본을 챙겨 집으로 향했다.

매일 밤 독서실에서 집으로 돌아가는 길에 '지난 1년을 되돌아봤을 때 후회하지 않을 만큼 공부했나?'를 나 자신에게 물었다. 이 질문은 내 하루를 평가하는 기준이었다. 그리고 실제 수능 전날, 똑같은 질문을 던졌다. 마지막 질문이었다. 자신 있게 '그렇다'라고 대답할 수 있었다. 모든 불안과 걱정이 씻겨 내려갔다. 설사 수능을 망친다고 하더라도 내가 할 수 있는 것을 다 했기 때문에 후회하지 않았을 것이다.

수능 당일, 오전 6시쯤 일어나 샤워를 하고 간단히 아침을 먹었다. 시험장까지는 아버지가 차로 태워다 주셨는데, 긴장되냐고 물어보셨다. 나는 '집중할 정도로 적당히 긴장했다'라고 답했다. 그러자 '그런 것 같아 보인다. 좋다'라고 담백한 응원의 말을 건네주셨다.

교실에 들어가니 7시 10분이었다. 나보다 두 명 정도가 먼저 와 있었다. 책상도 넓었고 화장실도 가까워서 다행이라고 생각했다. 실내가 조금 덥게 느껴져서 외투는 벗고 얇은 긴소매 하나만 입고 종일 시험을 봤다. 국어 행동 강령과 몇 가지 독서 지문들을 보면서 예열하고 있으니 슬슬 학생들이 들어오기 시작했다. 한 명은 같은 반 친구였는데, 서로 아는 척을 하지 말자고 전날 미리 약속했었다. 집중력이 흐트러지지 않도록 말이다.

예비령이 울린 뒤 가방과 책들을 전부 교실 앞쪽으로 보냈다. 국어 시험지를 받아 책상에 올려놓자 지금까지 해온 국어 공부가 이 몇 장의 시험지를 위한 것이라는 생각이 들어 기분이 이상했다. 시험 시작 전까지는 미리 암기해 둔 독서 문장을 되뇌며 집중력을 끌어올렸다. 긴장하지 않았다고 세뇌했지만, 사실 국어 시험을 보는 동안 심장 소리가 매우 크게 들렸다. 실제로는 엄청 긴장하고 있었던 모양이다.

내 국어 풀이 순서는 '언어와 매체 - 독서론 - 독서 - 문학' 이었다. 시험을 시작하는 종소리가 울리자마자 바로 언어와 매체로 넘어가 풀려고 했는데, 언어부터 막혀버렸다. 이미 답을 고른 문제도 헷갈리기 시작했고 답이 안 보이는 문제는 일단 넘겼다. 매체도 시간이 오래 걸렸고, 답이 안 보이는 문제도 있었다. 이 순간에 마음을 잡지 못했다면 그대로 망칠 수도 있었다. 그러나 내게는 언매에서 막혔을 때 무조건 빠르게 넘기자는 행동 강령이 있었고, 평소에 이런 상황을 많이 대비해 놓았다. 그렇게 넘어간 독서는 만만한 기술 지문부터 처리했다. 조금 찜찜한 부분도 있었지만 일단은 넘어갈 수밖에 없었다. 경제 지문과 철학 지문은 다른 생각을 할 틈도 없이 습관처럼 배어 있던 생각과 시험 루틴, 대처법 등으로 기계처럼 읽고 풀었다. 모의고사를 많이 풀어보지 않았으면 진작 내 멘탈은 무너졌을 것이다. 경제 지문의 〈보기〉 문제는 시간이 오래 걸릴 것 같아 맨 마지막으로 넘겼다.

문학은 EBS의 도움으로 적정 시간 안에 풀었다. 그리고 나니 대략 5~10분 정도가 남았다. 다시 앞으로 돌아가 헷갈렸던 언매 문제들을 다시 보고, 답안지에 마킹한 뒤 경제 지문의 〈보기〉 문제로 다시 돌아왔다. 하지만 시간이 부족해 확신을 갖고 답을 고를 수가 없었다. 실전 모의고사에 비해 우당탕탕 풀어서 점수를 예상할 수 없었지만, 중간에 무너지지 않은 것만으로도 다행이라고 생각했다. '그냥 100점이라 생각하고 남은 과목들 다 맞히자'라고 마음을 다잡으며 난도나 점수에 대한 생각은 일절 하지 않으려고 노력했다.

개인적으로 수학은 실전 모의고사가 어려웠던 건지 컨디션이 좋았던 건지 체감상 쉬웠다. 꼼꼼히 풀었는데도 30분 정도 남아서 몇 번 더 검토했다. 1년 동안 가장 많은 시간을 쓴 과목이기에 틀린 문제가 있다면 억울할 것 같다는 생각에 눈에 불을 켜고 검토했다. 이때 계산 과정에서 실수가 있던 문제를 하나 찾았다. 검토 과정에서 이미 저지른 실수를 발견하는 것은 굉장히 어렵기 때문에 운이 좋다고 생각했다.

1, 2교시가 끝나고 긴장도 살짝 풀리니 '내가 진짜 수능을 보고 있는 건가…?'라는 생각이 들었다. 여전히 실감은 안 났다. 점심에는 도시락을 먹으면서 탐구 정리본을 쭉 읽었다.

영어와 한국사는 비교적 가벼운 마음으로 봤는데, 영어 난도가 생각보다 높아서 체력적으로 조금 힘들었다. 한국사까지 보고 나니 거의 끝났다는 생각에 긴장이 꽤 풀렸다. 하지만 입시에서 탐구 과목이 얼마나 중요한지를 알고 있었기 때문에 잠깐 나가 바람을 쐬고 초콜릿을 먹으며 흐트러진 집중력을 다잡고 자리로 돌아왔다.

나는 물리1과 생명1을 봤는데, 둘 다 시간이 부족해서 정신없이 풀었다. 물리는 두 문제가 막혀서 넘기고 나중에 다시 풀었지만 생명은 한 문제의 풀이가 끝까지 안 보여서 결국 못 풀고 찍었다. 실수가 아니라 내가 모르는 문제였기 때문에 후회는 없다. 실제로 두 시험의 1등급 컷은 각각 43점, 42점으로 역대급 난도였다.

모든 시험이 끝난 뒤 대기실로 이동했다. 확인 절차가 오래 걸려서 거의 1시간을 대기했는데, 그제야 비로소 수능이 끝났다는 게 실감이 났다. 점수에는 확신이 없었지만 내가 할 수 있는 노력은 모두 쏟아부었기 때문에 후회는 없었다. 얼른 집에 가서 쉬고 싶다는 생각뿐이었다. 홀가분하면서도 찝찝하고 기쁘면서도 불안했다. 대기실에서 느낀 이 복잡한 감정은 아마 평생 잊기 힘들 것 같다.

교문 밖으로 나가자 많은 학부모님들이 서성이고 계셨다. 그 속에서 나를 기다리며 두리번거리는 부모님을 한눈에 찾을 수 있었다. 나를 따뜻하게 안아주며 '수고했다'라고 말하는 부모님을 보니 눈물이 고였다.

집으로 돌아가는 차에서 내 눈치를 보는 듯한 부모님께 '후회 없이 보고 왔다'라고 말씀드리니 조금은 안도하시는 것 같았다.

평소에는 식곤증 때문에 배가 부를 때까지 밥을 안 먹었었는데, 오랜만에 마음 편히 푸짐한 저녁을 먹었다.

한숨 돌린 뒤, 가장 먼저 영어를 가채점했다. 1등급을 기대하고는 있었지만 난도가 높아 걱정했는데, 100점이 나왔다. 시작이 좋다는 생각과 함께 심호흡하며 곧바로 수학을 채점했다. 수학도 100점이 뜬 순간 주먹을 불끈 쥐었다. 6월과 9월 각각 실수로 한 문제씩 틀린 뒤로 실수를 줄이는 연습을 많이 했기에 정말 기뻤다. 탐구는 각각 50, 47점으로, 내가 푼 문제들은 다 맞힌 것을 보고 어쩌면 원하는 학교에 갈 수도 있겠다는 생각이 들면서 굉장히 들떴다.

마지막으로 가장 불안했던 국어를 채점했다. 이전에 잘 봤다고 생각한 시험도 국어에서 처참한 점수를 받은 적이 몇 번 있었기 때문에 더욱 떨렸다. 90점만 넘으면 좋겠다고 생각하고 채점을 했는데 93점이 떴다. 논술을 응시하지 않아도 되는 점수인 것까지 알고 나니 몸에 힘이 쫙 풀렸다. 부모님께 결과를 말씀드리니 역시나 담담하게 수고했다고, 잘될 줄 알았다고 하셨다. 나중에 말씀하시길, 속으로는 엄청 기쁘셨다고 한다.

내가 본 2022학년도 수능은 시험이 매우 어려웠어서 총 4개를 틀렸음에도 전 과목에서 백분위 만점을 받을 수 있었다. 합격 소식은 과외를 하는 도중에 들었다. 어느 정도 예상은 하고 있었지만, 그럼에도 날아갈 듯 기뻤다.

아쉬웠던 순간이 아예 없었다면 거짓말이다. 하지만 본격적으로 수능을 준비한 1년 반 동안 나는 매일 후회 없이 공부하자고 다짐했고, 그 다짐을 지켜냈다.

이 여정 동안 놓친 것도 있을 것이다. 하지만 나는 꼭 성적과 대학뿐만 아니라 앞으로의 인생에 도움이 되는 훨씬 소중한 것들을 얻었다고 생각한다. 그렇기에 모든 열정을 쏟아부은 내 10대의 마침표가 자랑스럽다.

수능에 도전하려는 당신에게 꼭 하고 싶은 말이 있다. '꿈의 한계를 정하지 말라는 것'이다. 그 꿈에 걸맞은 사람이 되려고 노력한다면 안될 것이 없다. 성공의 열매는 노력의 거름이 클수록 달콤하다는 말도 있지 않은가. 지금의 시기는 열매를 키우는 과정이라고 생각하고 다들 힘내길 바란다.

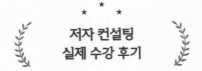

## ★ 수학, 가장 큰 약점에서 강점이 되기까지 ★

저는 고등학교 2학년까지 수학 내신 4~5등급, 교육청 모의고사는 2~3등급을 오가는 성적을 받곤 했습니다. 그럼에도 불구하고 1학기까지는 크게 위기의식을 느끼지 못했는데, 크게 변화를 실감했던 계기가 있었습니다. 어느 날 집에서 혼자 2022년도 수능 수학을 풀어보았는데 55점이 나온 것이었습니다. 설마설마 했지만 이렇게까지 낮은 점수가 나올 줄은 몰랐기 때문에 막상 그 시험지를 마주하고 나니 충격이 꽤 컸습니다. 글을 쓰고 있는 이 순간에도 기억이 생생할 정도니까요. 2학기부터는 마음을 달리 먹고 수능 준비에 돌입했습니다. 남들처럼 유명한 인강도 듣고 좋다는 문제집도 다 풀어보았는데, 실력이 늘기는커녕 더 떨어지는 느낌이었습니다. 이대로는 안 된다는 두려움이 엄습했습니다. '공부법의 대변화가 필요하다' 기존의 공부 방법을 유지해서는 수능에서 좋은 결과를 내기 어려울 거란 판단이 들었습니다.

그렇게 아크미 선생님을 만났습니다. 선생님은 가장 먼저 현재 제가 당면해 있는 문제점을 파악하셨고, 그것이 왜 극복되지 않았는지에 대해 조목조목 설명해 주셨습니다. 그리고 지금부터 공부해 나가야 할 수능의 본질에 대해 자세히 일러주셨습니다. 특히 가장 큰 약점이었던 수학 공부에 관한 대화를 많이 나누었는데, 컨설팅을 받는 내내 수학 개념과 용어의 완벽한 숙지를 강조하였던 것이 가장 큰 도움이 되었습니다. 이를 통해 수능 수학을 대하는 태도 자체가 완전히 달라졌거든요. 그렇게 변화를 체감하며 2학년 겨울을 보냈고, 그렇게 고등학교 3학년 3월에는 개념 숙지가 완벽히 마무리된 상태가 되었습니다. 6월까지는 많은 양의 N제를 풀면서 수 차례 사설 모의고사를 치르고 이에 대한 피드백을 받으며 바삐 보냈습니다. 그 결과 6월 모의고사에서 처음으로 수학 1등급을 받았습니다. 더욱더 아크미 선생님과의 공부법에 대한 확신을 갖고 수능까지 비슷한 루틴을 유지하며 공부했습니다.

마침내 수능, 평소처럼 스스로를 믿으며 침착하게 문제를 풀었고 2023학년도 수능 수학에서 96점을 받았습니다. 중학교 때부터 약점이었던 수학이 최대 강점으로 변하는 기적 같은 순간이었습니다. 선생님의 가르침 덕분에 제 내신 등급이나 고등학교 2학년 모의고사 성적으로는 쳐다볼 수도 없던 대학에 입학할 수 있게 되었습니다.

이○○, 한양대학교 경제금융학과 23학번

## ★ 문제 풀이의 '태도'를 바꿔 의대 합격으로 ★

저는 고2까지 수학 점수가 96~100점으로 안정적이었기 때문에 수학만큼은 자신이 있는 학생이었습니다. 그런데 고3이 되고 모의고사 수학 점수가 계속 80점대를 맴돌았습니다. 의대가 목표였기 때문에 수학에서 최상위권 점수를 받아야 하는데 자꾸 1등급 컷을 간신히 넘는 점수만 나오니 너무 막막했습니다. 그러던 와중에 아크미 선생님을 만나게 되었습니다. 과외를 하면서 그동안 제가 문제를 아무 생각 없이 기계처럼 풀었다는 사실을 깨달았습니다.

예를 들면, 저는 $f(x)$가 포함된 식이 나오면 무작정 미분부터 해보고 시작했습니다. 이런 식으로 문제를 풀었을 때 잘 풀리는 문제들도 있지만 문제 자체를 이해하지 못해 고민하다가 끝나는 경우도 많았습니다. 늘 이렇게 모의고사를 풀어왔기 때문에 항상 몇 문제씩은 틀렸고, 맞힌 문제라고 해도 시간이 오래 걸렸으니 전체적으로 비효율적이었습니다. 선생님은 문제 풀이의 '태도'가 바뀌지 않으면 절대 최상위권으로 올라갈 수 없다고 말씀하셨습니다.

컨설팅을 받은 후에는 문제에 접근하는 방식부터 달라졌습니다. 예전 같았으면 무작정 미분하다가 답이 안 나와서 헤맸을 문제에서도, 어떻게 해야 원하는 답을 효율적으로 도출할 수 있을지 대략의 길을 생각해 두고 풀이를 시작했습니다. 어떤 조건에서 어떤 정보를 뽑아낼지, 그 정보들을 어떻게 활용해서 답을 구할 것인지에 대한 이해가 되었습니다.

물론, 태도만 바꾼다고 바로 최상위권 성적이 된 것은 절대 아닙니다. 그 태도를 바탕으로 수많은 문제를 풀었고 때로는 개념에서 부족한 부분을 발견하면 즉시 개념서를 펴고 해당 부분을 다시 공부했습니다. 부족한 부분을 성실히 채워나가다 보니 몇 달째 안 오르던 성적이 오르기 시작했고, 수능 몇 달 전부터는 안정적으로 96~100점이 나왔습니다. 그리고 수능에서도 무사히 백분위 100점을 받았습니다.

고3 생활이 처음이다 보니 모의고사에 대해서도 잘 몰랐고 시기별·과목별로 어떤 공부를 해야 할지 막막해서 선생님께 질문한 적이 있었는데, 이때 알려주신 내용들이 실제 수험 생활 계획을 세우고 수능까지 지치지 않고 완주하는 데 큰 도움이 되었습니다. 이 책을 읽는 모든 수험생이 커리큘럼과 다양한 공부 습관, 갖춰야 할 공부 태도 등을 잘 참고해서 원하는 대학교에 합격할 수 있기를 바랍니다.

최○○, 이화여자대학교 의대 23학번

## ★ 완벽한 수능 공부의 길이 보이다 ★

대학수학능력시험. 사회의 첫 관문을 상징하는 그 이름의 무게는 무겁습니다. 정시 전형으로 대학을 진학하고자 하는 학생에게는 수능이 조금 더 무겁게 느껴질지도 모릅니다. 오직 점수에 의해서만 목표하는 대학에 갈 기회를 얻을 수 있기 때문입니다.

수백 명의 학생이 SKY와 메디컬학과에 합격하는 전국 단위 자사고에 진학하였지만 높은 목표에 비해 아쉬운 내신 성적을 받게 된 저 역시 정시 전형에 신경을 쓸 수밖에 없었습니다. 한편으로는 그 누구보다 완벽한 수능 수험 생활을 보내고 싶은 마음도 있었습니다. 그래서 수험생 커뮤니티에 가입해 선배들의 글을 읽어보기도 하고, 유명한 대치동 강사들의 수업을 찾아 듣기도 했습니다. 그러나 '수능'이라는 시험에 대해 정확히 아는 것은 매우 어려웠습니다. 최상위권 대학에 진학한 선배들에게 조언을 구해도 수능은 어떤 시험이며, 어떻게 대비해야 하는지에 대한 명쾌한 답을 듣지 못했습니다. 수많은 수험생이 치르는 중요한 시험인데도 정작 시험의 성격조차 모른 채로 시험장에 들어가는 학생이 대다수라는 사실에 회의감이 들기도 했습니다.

그렇게 수험 생활의 초반을 방황하다가 우연히 학습 코칭을 알게 되었습니다. '나와 비슷한 고민을 겪었고 입시를 성공적으로 마친 사람에게 모든 과정을 공유하고 피드백을 받는다면, 좀 더 제대로 된 방식으로 공부할 수 있지 않을까' 하는 생각이 들었습니다. 그래서 아크미 선생님께 연락을 드렸고 1년 동안의 학습 코칭을 통해 성공적으로 수험 생활을 마칠 수 있었습니다.

처음에는 '잘하는 사람을 똑같이 따라 하면 적어도 손해 보는 일은 없겠지'라는 단순한 생각이었습니다. 그러나 저는 이 컨설팅을 통해 기대 이상의 가르침을 얻었습니다. 제 실력에 확신을 갖게 해주셨고, 문제를 잘 푸는 방법은 물론 '수능 공부를 어떻게 해야 하는지'를 정확하고 구체적으로 알려주셨습니다.

뿐만 아니라, 수시 카드를 결정해야 하고 실전 모의고사에서 원하는 점수가 나오지 않아 정신적으로 힘들었던 시기에도 멘탈을 관리하는 방법이나 중요한 결정 앞에서 가져야 할 태도를 알려주신 것이 매우 큰 도움이 되었습니다. 사소한 고민을 말해도 진심을 담아 상담하고 끝까지 신경 써주시는 등 멘토로서의 역할을 훌륭하게 해주셨습니다.

사실 저는 모의고사를 보면 대부분의 과목에서 1등급이 나오는 상위권 학생이었기 때문에 드라마틱한 성적 향상은 없었으나 입시를 끝까지 잘 마치는 데 아크미 선생님과의 학습 코칭이 가장 큰 도움이 되었다고 말할 수 있습니다.

'목표에 집착하지 말고 자기 전 침대에 누웠을 때 후회 없이 벅찬 마음으로 잠에 들 수 있는 하루를 보내라' 는 말씀을 하신 적이 있습니다. 선생님 조언대로 저는 하루, 하루에 최선을 다하려고 했고 매일 저의 상황을 공유하고 피드백하며 첫 수험 생활에 후회를 남기지 않으려 노력했습니다. 이 과정에서 적어도 매 순간 최선을 다했다면 스스로를 신뢰할 수 있게 되며, 결과와 상관없이 삶의 과정 자체를 사랑할 수 있게 된다는 깨달음을 얻었습니다.

저는 선생님과 수험 생활을 함께 보내며 스스로에 대한 확신이 생겼고, 고3이라는 시기를 인생에서 소중한 기억으로 간직할 수 있게 되었습니다. 치열한 삶의 태도의 중요성까지 알려주신 아크미 선생님을 만난 것은 정말 행운이었습니다. 이 책을 읽는 분들도 수험 생활을 스스로에 대한 확신을 얻는 멋진 시간으로 채워 나가셨으면 좋겠습니다.

이○○, 최상위권 성적 안정적으로 유지

## ★ 성적이 오르는 공부법은 따로 있다 ★

고2 때까지 저는 내신만 열심히 공부하던 학생이었습니다. 하지만 제 내신 성적을 가지고는 원하는 학교에 원서조차 쓰지 못한다는 사실을 깨닫고, 고3 겨울방학에 정시 파이터가 되기로 마음을 먹었습니다.

대비 기간이 짧은 내신 시험과는 다르게 수능은 긴 마라톤 같은 시험이었고, 장기적인 공부를 제대로 해본 적이 없던 제게 수능 공부는 낯설고 괴롭기만 했습니다. 그렇다고 다시 수시로 마음을 돌리기에도 애매한 상황이었습니다. '지금은 못해도 시간이 알아서 해결해 주겠지', '수능 날 찍은 건 당연히 다 맞겠지'와 같은 안일한 생각으로 공부를 이어갔고 당연히 결과는 좋지 못했습니다.

특히 기피하던 수학은 수능에서 5등급을 받았습니다. 태어나서 처음으로 받아본 5등급은 꽤나 큰 충격이었고 고민 끝에 재수를 선택했습니다. 재수를 시작하고는 현역 학생때와는 다르게 유명하다는 인강도 여러 개 듣고 문제도 열심히 풀었습니다. 그러나 6월 모의고사에서 수학은 역시나 5등급에 가까운 4등급을 받았습니다. 첫 5등급을 받았을 때 받은 충격은 이때에 비하면 아무것도 아니었습니다. '어떻게든 수능 공부의 악순환을 끊고 싶다'라는 강한 열망이 생겼고, 아크미 선생님을 찾게 되었습니다.

선생님과 처음 수업을 하면서 느낀 점은 '성적이 오르는 공부 방법은 어느 정도 정해져 있구나'였습니다. 무작정 열심히 하는 것이 아닌 '올바른 방법'으로 열심히 할 때 비로소 원하는 결과를 얻을 수 있다는 생각이 들었습니다.

'왜 그동안 수학 성적이 오르지 않았는지', '앞으로 점수와 등급을 올리기 위해서는 어떻게 해야 하는지', '문제를 풀 때는 어떤 생각을 가지고 풀어야 하는지'와 같은 수능에 실질적으로 도움이 되는 조언을 받았습니다. 컨설팅 이후 제 수학 실력은 나날이 성장했습니다.

뿐만 아니라 수험 생활 내내 불안했던 멘탈과 마음가짐까지 신경 써주셔서 거의 울면서 수험장에 들어갔던 현역 시절 때와는 다르게 시험에서 필요한 최소한의 긴장만을 갖고 수능에 임할 수 있었습니다. 그 결과 2025학년도 수능에서 국어 97점, 영어 98점, 제일 걱정했던 수학은 88점, 1등급을 받았습니다. 선생님과 피드백을 주고 받던 그 시간이 앞으로 살아갈 날들에 있어서도 좋은 밑거름이 되었을 거라고 확신합니다.

주〇〇, 수능 수학 5등급에서 1등급으로 상승

# 1부

## 상위 1%도 몰랐던

## 수능 성공의 비밀

1장

정시 파이터가

되고자 하는 마음

# 정시 파이터에 대한 오해와 진실

## 🔍 정시 파이터가 되려면?

'정시 파이터'는 말 그대로 입시 전형 중 수시가 아닌 정시 전형으로 합격을 노리는 수험생들을 뜻한다. 여기에는 보통 내신 시험을 망친 학생이 가장 많은 비율을 차지하며, 단순히 모의고사 성적이 잘 나와서 수능에 집중하는 학생도 있고, 사회에서 일을 하다가 대입을 준비하는 성인도 있다. 최근 메디컬학과 지망생이 늘면서 상대적으로 확률이 낮은 수시보다 미지의 정시를 선택하는 학생도 많아졌다.

목표하는 대학과 내신 등급, 모의고사 성적을 종합적으로 비교한 뒤 전략적으로 정시를 선택하는 것은 좋다. 하지만 단순히 내신 성적이 좋지 않아 수능에 전부를 걸겠다고 다짐하는 건 위험한 생각이다. 내신 시험에서는 당장 내 옆의 친구, 많아야 전교생과 경쟁하면 그만이다. 반면 수능에서는 전국의 전교 1등, 이미 대학에 붙은 반수생, N수생 모두가 경쟁 상대다. 정시 파이터의 길이란 절대 도피성으로 선택해서는 안 된다.

내신 시험은 매 시험이 끝나면 즉각적으로 결과를 받을 수 있고, 전략을 수립할 수도 있다. 적어도 지금 자신이 잘하고 있는지 정도는 가늠할 수 있다.

하지만 정시는 그렇지 않다. 정시 파이터는 등불 없이 길을 떠나는 나그네와 같다. 수능이라는 길은 끝이 보이지 않기 때문이다. 아무리 공부를 해도 이제 '완벽하다'라는 확신을 갖기가 쉽지 않고, 걷고 있으면서도 이 길이 맞는 길인지 아무도 알 수 없다. 대학은 단 한 번의 시험에 의해서 결정된다. 잔인하게 들릴 수도 있겠지만 모의고사는 아무런 의미가 없다. 6월, 9월 모의고사에서 좋은 성적을 받았어도 수능에서 그만큼 결과를 얻지 못한 학생도 굉장히 많다. 그렇게 되면 1년이라는 시간을 또 기다려야 한다. 모의고사와 수능에 상승 곡선 같은 것은 없다. 단 하나의 점만 존재할 뿐이다. 그 정도의 각오는 되어 있어야 한다.

나 역시 처음 정시 파이터가 되기로 결심했을 때는 앞이 캄캄했다. 무엇을 어떻게 공부해야 하는지 전혀 감이 잡히지 않았기 때문이다. 선배도 없었고, 인터넷 커뮤니티는 신뢰할 수 없었다. 결국 깜깜한 길을 홀로 걸어나갈 수밖에 없었다. 그때 깨달았다. 공부 방법부터 태도, 마음가짐, 생활 습관까지 정시 파이터가 필수적으로 지켜야 하는 모든 것을.

'등불'은 길을 걷는 사람에게 필요한 것이지, 가만히 있는 사람에게는 필요하지 않다. 이 책은 최선을 다해 수능 준비를 하고 있지만 방향을 모르는 학생들을 위한 '등불'이다. '성적도 안 좋은데 수능이나 준비해 볼까?'라는 어중간한 생각으로 시작한 학생은 이 책을 보더라도 별 소득이 없을 것이다. 이 책에 소개하는 공부법은 전부 직접 적용해 봐야 하는 내용들이고, 태도 또한 당장 전투에 나가는 장수의 마음으로 임해야 한다. 준비가 되었는가? 그렇다면 그동안 내가 쌓아온 정시 파이터들을 위한 노하우를 전수하도록 하겠다.

## 🔍 흔들리지 말고 굳건하게 나아가라

수능을 준비하다 보면 정말 많은 방해 요소와 좌절감을 맞닥뜨린다. 예를 들어 수시를 준비하는 친구가 내신 시험이 끝났다고 놀고 있는 경우, 함께 놀고 싶은 욕구가 샘솟을 것이다. 하지만 정시 파이터의 시험은 끝나지 않았다. 수능에 하루 더 가까워졌을 뿐이다.

과연 이런 상황뿐일까? 모의고사를 볼 때마다 정시 파이터가 느끼는 절망감도 엄청나다. 아마 목표했던 점수에 못 미치는 경우가 훨씬 많을 것이다. 평소보다 몇십 점이 낮은 점수를 받는 경우가 허다하다.

내가 잘하고 있는지 의문이 들 때마다 절망보다는 자기 확신을 바탕으로 냉철하게 자신을 돌아보길 바란다. 이 절망감을 수없이 느껴본 사람이라면 알겠지만, 냉철한 태도를 유지하는 일은 꽤나 힘든 일이다. 하지만 정시 파이터에게 이것은 일상이 되어야 한다. 그렇다면 우리에게 필요한 것은 무엇일까? 바로 '용기'와 '확신'이다. 둘 중 하나라도 부족하다면 언젠가는 무너질 수밖에 없다. 이는 전적으로 마음가짐에 달려 있다.

본격적으로 수능 공부를 시작하기로 마음먹었다면, 다음 단계는 선택 과목과 강사, 교재를 고르는 일이다. 참 정할 것이 많다. 훌륭한 교재는 어찌나 많은지, 옆 친구가 선택한 과목이 더 꿀과목인 것 같고, 그 친구가 듣는 강의에서는 특별한 비법을 전수해 줄 것 같다. 그렇게 전교 1등이 다니는 학원에는 학생들이 우르르 몰린다.

이해는 간다. 수험생에게 불안은 떼려야 뗄 수 없는 존재이기 때문이다. 내가 잘하고 있는지 확신도 없고, 하면 할수록 부족한 점이 보이기 마련이다. 이런 불안은 방어기제에 의해 자신에 대한 성찰보다 외부 요인에 대한 재검토로 이어진다. 내가 풀고 있는 교재나 강의가 최적의 선택지인지 의심하고 다른 선택지에 눈길을 준다. 자기 확신을 갖지 못했기 때문이다. 내가 선택하지 않은 선택지들은 낙원처럼 보인다.

하지만 낙원은 없다. 모든 선택 과목은 각자의 고충이 있다. 입시 전형마다 장단점이 있듯이 자료와 강의에도 큰 차이는 없다. 단적인 예로, 탐구의 경우 물리는 역학이라는 산을 넘어야 한다. 화학과 생명은 타임어택과 1년 내내 싸워야 하고, 지구과학은 최상위권들도 의문사를 당하는 과목이다. 사회탐구는 한 문제만 틀려도 표준점수에 치명타를 입힌다. 이렇듯 모든 각 과목에는 저마다 어려움이 있다.

강사도 마찬가지다. 어느 한 강사만 알고 있는 공부 비법은 없다. 성적이 미친 듯이 오르는 강의도 없다. 대다수의 학생들은 대치동 현장 수업에 환상을 갖고 있는데, 사실 인강과 차이가 거의 없다. 옆에 앉아 있는 학생 모두가 경쟁자라는 생각 때문에 집중이 잘되고, 정기적인 숙제가 나온다는 장점이 있지만 특별한 비법을 알려주는 것은 아니다. 사실 이건 직접 겪어보지 않으면 공감이 잘 되지 않을 수 있다. 이 글만 보고 '다른 선택지들도 별것 없구나' 하고 납득하기는 어려울 테다. 하지만 몸소 느끼기에 수험생에게는 시간이 많지 않다.

선택을 했으면 자신의 능력을 믿고 우직하게 나아가야 한다. 선택한 과목과 강사, 교재를 꾸준히 믿고 공부해 나가는 것이 지나고 보면 가장 좋은 결과를 가져다준다. 모든 선택에서 어떤 결과가 나오기까지는 그만큼의 시간과 노력이 필요하다. 선택을 바꿨을 때 더 좋은 성과가 나올 확률은 희박하다. 따라서 처음 선택을 할 때 신중하길 바란다.


## 🔍 선택을 할 때는 객관적으로 하라

내가 컨설팅을 맡았던 한 친구는 그동안 생명과학을 공부하다가 6월 모의고사를 보고 지구과학으로 바꾸려고 했다. 이유를 물어보니, 생명과학보다 지구과학에서 50점 맞을 확률이 더 높을 것 같아서란다. 그런데 여기에는 함정이 있다. 단순히 어떤 과목의 점수가 더 잘 나올 것 같으냐로 선택하면 안 된다. 선택을 바꿨을 때 드는 시간과 공부량까지 고려해야 하기 때문이다. 수능은 한 과목만 보는 시험이 아니다. 이 학생의 현재 실력을 살펴보니 지구과학보다 생명과학을 50점 만드는 데 드는 시간이 훨씬 적을 것으로 판단되었다. 나의 만류에도 불구하고 선택 과목을 바꾼 이 학생은 결국 원하는 결과를 얻지 못했다.

어떤 선택을 할 때는 미래의 결과뿐만 아니라 그 결과를 만들기 위해 투여되는 시간과 노력까지 고려해야 한다. 또한 내가 경험하지 못한 분야일수록 더 어려울 수 있다는 사실도 잊어선 안 된다. 쉬워 보이는 착각에 빠지는 이유는 난관에 부딪혀 보지 않았기 때문이다. 그러니 이미 난관을 극복한 사람들의 달콤한 말에 넘어가서는 안 된다. 어떤 선택이든 각자의 고충과 어려움이 있기 때문에 충분한 시간을 들여 결정하길 바란다.

가끔 보면 쇼핑하듯이 강의나 교재를 고르는 경우가 있다. 남들이 추천하는 강의를 모두 들어야 그나마 뒤처지지 않을 것 같은 마음에서 비롯된 선택일 것이다. 하지만 앞에서도 말했듯이 특별한 강사나 교재는 없다. 개인마다 잘 맞는 것은 다를 수 있어도, 요즘 강의와 자료의 수준은 이미 상향평준화 되어 있기 때문에 그 선택으로 결과가 달라지지는 않는다.

진정한 차이를 만드는 공부의 본질은 '몰입'과 '피드백'이다. 강의와 자료는 매우 부차적인 선택지다. 자신에게 필요하고 도움이 될 것 같은 강의와 자료를 고른 뒤에는 스스로를 믿고 우직하게 밀고 나가면 된다.

# 수능은 생각보다 긴 여정이다

## 🔍 시간을 핑계로 자신의 한계를 정하지 마라

대부분의 학생은 고등학교 3학년부터 빠르면 고등학교 2학년부터 본격적으로 수능을 준비한다. N수생들도 연초부터 공부를 시작하므로 보통 1년 정도 준비한다고 보면 된다. 같은 시간이 주어져도 어떤 학생은 시간이 없다고 조급해하고, 어떤 학생은 시간이 많다고 여유를 부린다. 전자든 후자든 꼭 기억해야 하는 사실은 '1년'은 조급함을 느낄 만큼 짧은 시간은 아니지만, 여유를 가질 정도로 긴 시간도 아니라는 것이다.

평소 고등교육과정을 성실히 따라온, 즉 고등학교 교과서의 내용을 모두 알고 있는 학생이라면, 이 1년은 수능에서 최고점을 받을 실력을 만들기에 충분한 시간이다. 나는 1년 동안 엄청난 성적 상승세를 보인 학생들을 실제로 많이 만났기 때문에 확실히 말할 수 있다. 한 예로 2022학년도 수능에서 수학 5등급이었던 학생이 2023학년도 수능에서 96점을 받아 온 적도 있다.

수험생을 대상으로 컨설팅을 하다 보면 "1년 동안 열심히 하면 100점 받을 수 있을까요?", "100일 남았는데 1등급 받을 수 있을까요?"와 같은 질문을 수도 없이 받는다. 여기서 그 대답을 하겠다. 기간에 구애받지 않고 '올바른 방법'으로 '하루도 빠짐없이' 후회 없을 정도로 공부한다면 불가능한 것은 없다.

물론, 국어와 수학은 꾸준한 연습과 경험이 쌓여 만들어지는 것이기 때문에 실력을 단기간에 끌어올리는 것이 힘들다. 적은 시간과 노력으로 꾸준히 실력을 쌓아온 사람들을 이겨보겠다는 것은 무모한 도전이다.

그럼에도 내가 이렇게 말하는 것은 수능은 생각보다 긴 여정이므로, 단기간의 결과에 매몰되지 말라는 의미다. 후회하지 않을 정도로 매일을 치열하게 공부한다면 자신이 기대한 것 이상의 결과를 얻을 수 있다고 확신한다.

많은 학생들이 공부를 시작하기도 전에 자신의 한계를 정한다. 시간이 없다는 핑계로 목표 등급을 낮추고, 그 등급을 얻으려면 몇 문제를 맞혀야 하는지 생각한다. 그러다 특정 유형은 아예 버리겠다는 생각에까지 이르면서 기대 점수는 점점 낮아진다.

모든 수험생이 무조건 만점을 받아야 한다고 말하는 것이 아니다. '서울대를 목표로 해야 연·고대를 간다'처럼 허무맹랑한 얘기를 하려는 것도 아니다. 자신의 등급이나 점수에 한계를 정해 놓으면 무의식적으로 그 점수를 넘을 수 없다고 판단해 실질적인 공부에도 영향을 미친다는 점을 알아야 한다는 것이다.

예전에 매번 1등급을 받던 학생이 쉬운 시험에서 3등급을 받아 온 적이 있었다. 이 학생의 목표는 딱 네 문제 틀려서 1등급을 받는 것이었다. 그런데 평소보다 문제가 잘 풀려서 네 문제 빼고는 다 풀었는 데도 여전히 20분 정도의 시간이 남았다고 한다. 여기서 처음부터 네 문제는 틀려도 된다고 한계를 정해놓은 학생은 남은 시간 동안 네 문제를 어떻게 대할까? 문제가 조금만 안 풀려도 '에이, 역시 어렵네. 이 문제는 내 실력에 맞지 않아. 앞에 푼 문제나 검토해야지'라고 생각하기 쉽다.

그런데 사실 이 시험은 난도가 쉽게 출제된 시험이라서 평소 실력이라면 나머지 네 문제도 충분히 풀 수 있는 문제였고, 두 문제만 틀려야 1등급을 받을 수 있는 시험이었다.

만약 이 시험이 수능이었다면 어땠을까? 이처럼 무의식적으로 한계를 정하는 생각은 공부의 몰입을 방해할 뿐만 아니라 실전에서 치명적인 결과를 가져올 수 있다.

반대로 예상보다 빠르게 한계 점수에 이르렀다면, 성장의 기회를 상실할 수도 있다. 오히려 역성장을 초래하는 계기가 된다. '이 과목은 이 정도면 됐고, 딴 과목만 봐야겠다!'라는 생각을 하는 순간 점수는 뒷걸음질치기 시작할 것이다. 다시 한번 강조한다. 시간을 핑계로 자신의 한계를 정하지 마라!

## 🔍 수능은 100미터 달리기가 아닌 마라톤이다

수능의 여정이 생각보다 길다는 사실을 간과해서 생기는 문제가 또 있다. 당신은 과거에 식사, 수면 등을 제외한 어떤 특정 일과를 하루도 빠짐없이 1년 동안 꾸준히 한 경험이 있는가? 대부분 그런 경험은 드물다. 심지어 그 일과가 하루의 대부분을 차지한 경우는 거의 없을 것 같다. 지루하고 고통스러운 공부를 하루에 10시간씩, 하루도 빠짐없이 1년 동안 하는 것은 결코 쉬운 일이 아니다.

어떤 계기로 큰 동기부여를 받아 공부에 대한 의욕이 엄청난 학생이 있다고 하자. 꿈꾸는 대학교에 탐방을 다녀왔을 수도 있고, 유튜브에서 동기부여 영상을 봤을 수도 있다. 그동안 많이 뒤처졌다고 판단한 학생은 독서실에서 새벽 2시까지 공부하기, 아침 6시에 등교해 자습을 시작하는 것으로 계획을 짰다. 또 배워야 하는 것도 많기 때문에 과목당 인강을 3개씩 듣기로 했고, 문제집과 모의고사도 여러 권씩 풀기로 마음먹었다.

과연 이 학생이 수능 때까지 이 페이스를 유지할 수 있을까? 나는 이런 상황에 회의적이다. 이 학생의 노력을 폄하하거나 비난하려는 것이 아니다. 기초체력이 매우 뛰어나고 집중력이 특출난 소수의 학생이라면 가능할 수도 있다. 하지만 단기간의 외재적 동기만으로는 무리한 계획을 지속적으로 이어나가기가 어려운 것이 사실이다.

목표는 얼마든지 높게 잡아도 괜찮다. 하지만 수면 시간이나 공부 계획은 지속 가능하게 잡는 것이 중요하다. 수능은 마라톤이지, 100미터 달리기가 아니다. 숨이 턱까지 차오르는 속도를 유지해야 하지만 처음부터 모든 에너지를 쏟는다면 결코 완주하지 못할 것이다. 목표한 대학까지 뛸 수 있는 페이스를 꾸준히 유지하는 것이 관건이다. 한 달 정도의 기간만 준비하는 내신 시험과는 결이 다르다. 끝까지 지킬 수 있는 수면 시간과 계획을 유지하는 것이 중요하다.

많은 학생들이 오늘 15시간 공부하고, 내일 5시간 공부하는 것보다 매일 12시간씩 공부하는 것이 더 이득이라는 사실을 간과하고 있다. 시간적인 측면에서나 집중도의 측면에서 후자가 이득이다. 그 기간이 길어질수록 차이는 더욱 커진다. 이번 주에 평균 15시간을 공부했지만, 다음 주에 평균 5시간만 공부한다면 아무 소용이 없다. 게다가 15시간 공부하겠다는 다짐을 지속하지 못했다는 자책감에 슬럼프 등으로 이어져 심리적인 부분까지 영향을 줄 확률이 높다.

가장 빠르고 확실하게 성적을 올리는 건 '지속성'이 있는 공부다. 들쑥날쑥한 공부 시간보다는 일정하게 꾸준히 지킨 공부 시간이 훨씬 강력하다. 단기간에 실력을 올릴 수 있는 기회가 있는 것 같아 보여도 길게 보면 결국 꾸준함이 승리한다.

같은 맥락으로 수면 시간도 규칙적으로 지키는 것이 좋다. 나는 아무리 공부가 잘되고 해야 할 일이 많은 날이라도 밤 12시가 되면 무조건 잠자리에 들었다. 내 기준에서 최악의 선택은 밤을 새워 그날의 할당된 공부를 끝냈지만 그다음 날을 온종일 멍한 정신 상태로 날리는 것이었다. 길게 보면 무엇이 더 이득일지 생각해 보자.

여기까지 읽고 지속 가능한 공부를 해야 한다는 핑계로 공부량을 줄이는 사람도 있을까 봐 미리 말한다. 요점은 금방 지치고 포기할 정도로 자신을 몰아붙이지 말라는 것이지, 자신의 한계 근처에 가지도 말라는 것이 아니다. 우리는 매일매일을 자신의 한계 근처에서 보내야만 발전할 수 있다. 편안함을 느끼는 안전지대(comfort zone)에만 머문다면 실력은 늘지 않는다. 자신의 한계를 확장할 수 있을 정도의 영역을 찾고, 매일 그 영역에 다다를 수 있도록 노력해야 한다.

# 03
# 당신의 실력이 노력해도 제자리걸음인 이유

## 🔍 자기 주도적 학습의 진정한 의미

한 번쯤 '상위권 학생은 자기 주도적으로 공부한다'는 말을 들어본 적이 있을 것이다. 자기 주도적 학습의 본질은 단순히 스스로 공부 계획을 짜고 수행하는 것이 아니라 자신의 공부를 피드백하는 행위에 있다. 더 나아가 '성장하고 발전할 수 있는 공부는 무엇일까?'를 끝없이 고민하는 것이다. 이 과정이 없다면 쳇바퀴를 돌 듯 본질이 빠진 공부를 하는 것이다.

성적이 제자리를 맴도는 학생의 특징 중 하나는 '강의를 구경한다'는 점이다. 많은 학생이 강의를 듣는 행위가 공부라고 착각하는 것 같다. 강의는 한 분야를 마스터한 전문가에게 개념부터 노하우까지 빠르게 전수받을 수 있다는 점에서 훌륭한 공부 '수단'이다. 하지만 강의를 듣는 행위 자체는 절대 공부라고 할 수 없다. 강의를 들으면서 이해한 내용은 내 것이 아니기 때문이다. 이해한 내용을 누군가에게 직접 설명할 수 있고, 문제 풀이에 적용할 수 있어야 비로소 내 것이 된다. 이 과정은 적어도 강의를 듣는 시간보다 두 배 이상 투자해야 한다.

공부하면서 몸과 머리가 편하다면 어딘가 잘못되었다고 인지해야 한다. 강의를 듣고, 문제를 풀고, 채점하는 것을 반복하는 과정은 얼마나 편한가. 대부분의 학생이 자신도 모르게 공부 쳇바퀴를 돌고 있다. 하지만 정체된 성적의 벽을 넘고 다음 단계로 나아가기 위해서는 머리로는 불편한 사고를 해야 하고, 몸으로는 귀찮은 공부를 해야 한다. 그제야 비로소 진정한 자기 주도적 학습을 했다고 할 수 있다.


## 🔍 실력을 높이는 공부에 집중하자

내가 만난 학생 중 가장 안타까웠던 유형은 정말 열심히 공부하는데 성적이 그대로인 경우다. 심지어 성적이 떨어질 때도 있다. 이들이 성적 부진의 원인을 재능이나 지능의 부족으로 여겨서 무기력함에 빠지게 될까봐 걱정되었다.

요즘은 어디에서나 공부에 관한 책과 영상, 인터뷰를 쉽게 찾아볼 수 있다. 그 매체들의 공통적인 결론은 공부를 잘하고 싶다면 '미친 듯이 노력해라'이다. 잠도 안 자면서 공부한 수기들을 소개하거나 본인들이 얼마나 열심히 공부했는지 어필하기 바쁘다. 동기부여 영상에서는 미친 사람처럼 공부하라고 호소한다.

노력? 당연히 중요하다. 하지만 방향이 잘못된 노력은 공부가 아니라 노동이다. 공부로 좋은 결과를 낸 사람들은 전부 노동이 아닌 진짜 공부를 했다. 그런데도 매체에서는 단지 노력만을 강조한다. 이유는 간단하다. 노력이 더 호소하기 쉽고, 학생들도 거부감 없이 받아들이기 때문이다. 하지만 공부의 본질은 노력이 아닌 '방향성'에 있다.

나는 적어도 수능에서만큼은 재능이 없어서 100점을 맞지 못하는 일은 없다고 생각한다. 물론 그 100점에 이르는 시간이나 과정은 사람마다 다를 수 있다. 이 세상에 똑똑하고 특출한 사람이 많다는 사실을 부정하고 싶은 생각은 전혀 없다. 다만 한국교육과정평가원이 출제하는 대학수학능력시험에 한해서는 100점을 맞기 위해 특별한 능력이나 재능은 필요 없다는 것이다.

수능은 모의고사를 포함해서 이때까지 출제되었던 모든 기출문제를 공개하고 있다. 그리고 이제 너무 많은 기출이 쌓인 나머지, 새로 출제되는 문제와 똑같은 사고 과정을 요구하는 기출 문제가 무조건 존재한다(단, 탐구 과목은 가끔씩 새로운 사고 과정을 요구하는 경우가 있다. 하지만 이런 경우도 수능에 출제하기 전 모의고사나 EBS 연계 교재에 비슷한 문제를 미리 출제하는 추세다). 처음 보는 문제 같아도 사실은 기출에서 사용된 아이디어와 사고 과정을 변형해서 출제한 문제가 대부분이다. 만약 새로 출제된 평가원 문제가 본인에게 익숙하지 않다면 기출 공부가 아직 덜 된 것이다. 결국 수능은 이미 기출에서 요구한 사고 과정을 '누가 시간 안에 정확하게 수행할 수 있느냐'의 싸움이다. 희대의 난제를 해결하거나 미지의 영역을 개척하는 시험이 아니다. 기출에서 사용된 사고 과정을 정확하게 습득한 뒤 새로운 문제에 적용하는 연습을 반복하는 것이 수능 공부의 본질이다.

그렇다면 이런 의문이 들 차례다. '재능의 영역도 아닌데, 왜 노력과 시간을 쏟는데도 실력이 늘지 않는 것일까?' 역시 수능은 재능의 영역인 것일까, 아니면 노력이 부족한 것일까?

나는 그런 학생들은 잘못된 방향으로 노력을 쏟고 있었다고 생각한다. 대부분 잘못된 방향으로 노력을 쏟고 있어도 알지 못하는 경우가 많다. 단순히 '반복하는 것'에만 익숙해져 있기 때문이다. 암기 과목은 반복해서 보고 있으면 외워지고 운동도 반복해서 수행하면 몸에 근육이 붙는다. 하지만 수능 공부는 다르다. 단순히 문제를 반복해서 푼다고 해서 실력이 늘지 않는다.

## 🔍 피드백이 없는 공부는 의미가 없다

평소 노력은 많이 하지만 성적이 제자리인 학생들을 보면 비슷한 점을 발견할 수 있다. 예를 들면 수학 문제를 풀 때 ① 문제를 풀고, ② 채점을 하고, ③ 틀린 문제의 해설을 본다. 그리고 해설을 이해한 뒤 ④ 다음 문제를 푼다. 드물게 틀린 문제를 다시 풀어보는 학생도 있다. 여기에 어떤 과정이 빠졌는지 눈치챘는가?

바로 '피드백' 과정이 빠졌다. 이미 오답 확인도 했고, 몇몇은 다시 풀어보기까지 했는데 피드백을 하는 과정이 어디에서 빠진 거냐고? 위의 과정은 틀린 문제에 대한 오답을 확인한 것이지, '본인의 문제 풀이 태도'에 대한 피드백을 한 것이 아니다. 착각하지 마라. 수능 시험장에 오답 노트나 이때까지 틀렸던 모든 문제를 들고 가서 볼 수는 없다. 시험장에는 오직 우리의 머리와 문제 풀이 태도만 입장이 가능하다. 그런데 왜 '문제'에 대한 오답만 확인하고, 실제로 문제를 풀 '자신'에 대한 피드백은 하지 않는가? 이런 식으로 공부하면 특정 문제를 푸는 방법은 기억할지 몰라도 새로운 문제를 접했을 때 새로운 태도로 접근할 수 없다.

그렇다면 태도에 관한 피드백은 어떻게 하는지 알려주겠다. 문제를 풀고, 채점을 하면서 자신이 부족한 부분이 있다는 사실을 인지하는 게 먼저다. 다음으로 문제 오답 정리와 동시에 '내가 이 문제를 맞히기 위해서는 어떤 사고 과정을 거쳤어야 하는가?'를 고민해야 한다. 해설은 왜 내가 처음에 푼 대로 풀지 않았는지, 그럼 내 접근은 어디서부터 잘못되었는지, 어떤 조건에서 접근의 차이가 발생해 정답과 오답으로 갈리게 되었는지를 고민하는 것이다.

다음은 2025학년도 6월 평가원 모의고사 12번 문제다.

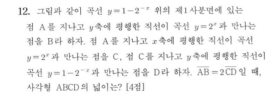

**12.** 그림과 같이 곡선 $y = 1 - 2^{-x}$ 위의 제1사분면에 있는 점 A를 지나고 $y$축에 평행한 직선이 곡선 $y = 2^x$과 만나는 점을 B라 하자. 점 A를 지나고 $x$축에 평행한 직선이 곡선 $y = 2^x$과 만나는 점을 C, 점 C를 지나고 $y$축에 평행한 직선이 곡선 $y = 1 - 2^{-x}$과 만나는 점을 D라 하자. $\overline{AB} = 2\overline{CD}$일 때, 사각형 ABCD의 넓이는? [4점]

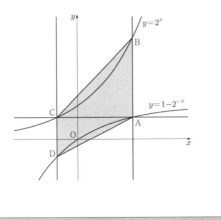

이 문제는 해당 모의고사에서 가장 많은 수험생들의 발목을 잡았다. 막상 문제를 맞힌 학생도 예상치 못한 계산에 시간을 너무 많이 소요했거나 또는 막혀서 넘긴 경우가 부지기수다.

내가 본 모든 학생이 C와 D의 $x$좌표를 p, A와 B의 $x$좌표를 q 같은 미지수로 두고 연립방정식을 풀려고 했다. 그렇게 되면 식이 깔끔하지 않아서, 다시 치환을 해서 미지수를 구해야 한다.

만약 이 문제를 못 풀었거나 시간이 오래 걸려서 오답 정리를 한다고 하자. 어떻게 할 것인가? '내가 계산을 잘 못했네. 다음부턴 집중해서 풀어야지', '아, 조립제법이 안 되는 줄 알았네. 실수였다'라고 그냥 넘어갈 생각이었다면, 당신은 제자리걸음인 공부를 하고 있는 것이다. 이건 집중의 문제도 아니고 실수는 더더욱 아니다.

이 문제에서는 A와 C의 $y$좌표를 p로 잡아야 한다. A와 B의 $x$좌표가 같기 때문에 B의 $y$좌표는 $\frac{1}{1-p}$라고 둘 수 있고, 마찬가지로 C와 D의 $x$좌표가 같기 때문에 D의 $y$좌표는 $1-\frac{1}{p}$라고 둘 수 있다. 따라서 문제에서 주어진 선분 AB와 CD의 관계를 미지수 하나로 표현할 수 있다.

그렇다면 우리는 앞으로 이 문제의 피드백을 어떻게 해야 될까? '지수로그 그래프 문제에서는 계산을 진행하기 전에 어떻게 하면 미지수를 최대한 적게 잡을 수 있는지를 먼저 고민하자'라고 하면 된다. 단순히 이 문제에만 적용할 수 있는 교훈이 아니라 스스로의 문제 접근 방식 자체를 고치는 것이다.

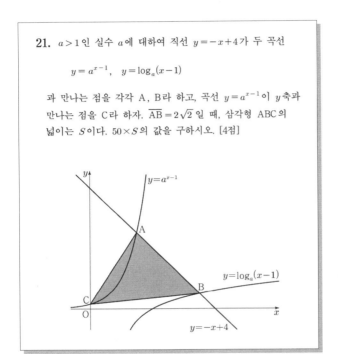

**21.** $a > 1$인 실수 $a$에 대하여 직선 $y = -x + 4$가 두 곡선

$$y = a^{x-1}, \quad y = \log_a(x-1)$$

과 만나는 점을 각각 A, B라 하고, 곡선 $y = a^{x-1}$이 $y$축과 만나는 점을 C라 하자. $\overline{AB} = 2\sqrt{2}$ 일 때, 삼각형 ABC의 넓이는 $S$이다. $50 \times S$의 값을 구하시오. [4점]

위의 문제는 2022학년도 9월 평가원 모의고사 21번 문제다. 이 문제도 어떻게 하면 미지수를 최대한 간단히 잡을지 고민하다 보면, 두 점 A와 B의 중점이 $y$의 교점인 것을 알 수 있다. 이때 선분 AB의 기울기가 -1이라는 사실과 문제에서 주어진 길이를

조합하면 A와 B의 $x$좌표 차이는 2라는 사실을 어렵지 않게 알 수 있다. 따라서 A와 B의 좌표를 모두 찾을 수 있으므로, 이 문제는 결과적으로 미지수를 아예 잡을 필요도 없는 문제였다.

만약 위의 문제에서 A와 B를 $y$로 잡고 풀기 시작했다면 분명 오래 걸렸을 것이다.

국어도 다르지 않다. 아래는 21학년도 수능의 모델링·렌더링 지문과 문제를 간소화한 것이다. 선지의 정오답을 판단해 보자.

> **지문** 실물을 촬영하여 얻은 자연 영상을 그대로 화면에 표시할 때와 달리 3D 합성 영상을 생성, 출력하기 위해서는 모델링과 렌더링을 거쳐야 한다. 모델링은 3차원 가상 공간에서 물체의 모양과 크기, 공간적인 위치, 표면 특성 등과 관련된 고유의 값을 설정하거나 수정하는 단계이다. 공간에서의 입체에 대한 정보인 이 데이터를 활용하여, 물체를 어디에서 바라보는가를 나타내는 관찰 시점을 기준으로 2차원의 화면을 생성하는 것이 렌더링이다.

> **선지** ① 모델링은 다른 물체에 가려져 보이지 않는 부분에 있는 표면 특성은 계산하지 않는다.

모델링은 렌더링과 다르게 관찰 시점에 상관없이 3차원 가상 공간에서 표면 특성 등의 고유의 값을 계산한다. 다른 물체에 가려져 보이지 않는 것은 관찰 시점에 따른 것이므로 위의 선지는 틀린 선지다.

이 문제의 오답 정리는 어떻게 할 것인가? 모델링과 렌더링의 차이점을 정리할 것인가? 이쯤 말했으면 아니라는 걸 알았을 것이다.

'독서 지문에서 두 가지 이상의 개념을 설명했다면, 꼭 비교와 대조를 통해서 공통점과 차이점을 구분하자'라고 피드백하면 된다. 실제로 이 독서 지문에 연계된 4개의 수능 문제 중 3개가 모델링과 렌더링의 차이점에 대해서 묻는 문제였다.

공부를 어떻게 해야 하는지 잘 모르는 학생이 많다. 지문의 내용을 공부하는 것은 쓸데없는 행동이다. 배경지식은 늘어날 수 있어도 국어 실력은 그대로일 것이다. 이제 좀 뭔가 깨달았는가? 지금까지 시험장에 들고 갈 자신의 문제 풀이 태도는 고치지 않고, 다시는 볼 일 없는 애꿎은 문제만 고치지 않았는지 되돌아보길 바란다. 우리는 처음 보는 지문을 접했을 때 어떤 태도를 가져야 하는지 곰곰이 생각해야 한다.

어느 수준까지는 문제를 위주로 피드백을 해도 성적이 오를 수 있다. 뇌가 틀린 문제 자체를 기억해서 새로운 문제에도 적용하기 때문이다. 하지만 사람마다 한 번에 저장할 수 있는 기억력은 한정되어 있다. 그렇기 때문에 기억의 한계에 도달하는 순간은 반드시 온다. 그때가 성적이 정체되는 순간이다. 문제를 풀고, 채점하고, 왜 틀렸는지 보고, 넘어가는 과정을 반복하면서 언젠가 실력이 늘 것이라고 생각한다면 큰 오산이다. 수험생이 가장 경계해야 할 일은 '공부를 하고 있다는 착각'에 빠지는 것이다.

# 고독한 수험 생활을 즐기고 익숙해져라

## 🔍 결국 혼자 이겨내야 하는 싸움이다

수험 생활은 본질적으로 고독한 시간이다. 결국 내 손으로 문제를 해결해야 하고, 끊임없이 나 자신과 마주하며 성장해 나가야 한다. 가장 친한 친구나 설령 부모님이라도 나를 대신해서 공부해 줄 수 없다. 스스로를 고요히 마주하며 나아갈 때 실력은 극대화된다.

처음에는 이 고독함이 힘겹게 느껴질 수도 있다. 혼자라고 느껴질 때 공허함을 느낄 수도 있고 더 빨리 지칠 수도 있다. 의지할 사람도 없고 결국엔 나 혼자 나아가야 한다는 것을 깨닫는 순간도 분명히 온다. 이 고독함을 어떻게 받아들이느냐에 따라 이

것은 나의 가장 큰 강점이 될 수도 있고, 약점이 될 수도 있다. 고독은 깊은 몰입을 가능하게 하고, 내면의 힘을 발견할 수 있는 기회를 준다. 타인의 시선에서 벗어나 오직 내면과 실력에만 집중할 수 있는 성찰의 시간이다.

독일의 철학자 쇼펜하우어는 "고독은 모든 뛰어난 인물의 운명이다"라는 말을 남겼다. 그에 따르면 높은 이상의 별을 가슴속에 그리며 살아가는 사람들은 고독할 수밖에 없다. 혼자만의 고요한 시간에서 외로움과 당당히 마주해야 강인하고 풍요로운 정신을 가질 수 있다. 실제로 마이크로소프트의 설립자인 빌 게이츠는 매년 두 번 '생각의 주간'을 갖는다고 한다. 그 기간 동안은 시골의 통나무집으로 떠나 무엇에도 방해받지 않은 채 자신만의 생각에 몰입한다고 한다. 세계적으로 유명한 사람들조차도 일부러 혼자만의 시간을 갖는 것을 보면 고독이 어떤 가치를 갖는지 알 수 있다.

과거의 나는 밥도 혼자 먹을 바에는 안 먹었고, 친구 없이는 잠시도 견디지 못했다. 그런 내가 고등학교에 와서 고독의 가치를 알게 되었다. 외부의 소음이 사라지고 이 세상에 나와 공부할 책만 남은 것 같았달까. 시간이 멈춘 것 같았지만 그 어느 때보다 시간은 빨리 흘렀다. 고독의 시간을 통해 진정한 몰입을 경험한 것이다.

# 🔍 진정한 정시 파이터라면 고독을 즐겨라

고독을 즐기라는 건 지금까지 맺어온 인간관계를 끊고 평생 혼자 살아가라는 말이 아니다. 사람 간의 관계는 대학과는 비교할 수 없을 정도로 큰 가치를 지닌다. 하지만 인생에서 집중해야 하는 결정적인 순간들 중 하나인 수험 기간에는 타인보다 온전히 나 자신에게만 집중하는 것이 옳다.

소중한 관계가 소원해질까 봐 걱정하는 마음도 이해는 된다. 그런데 정말 소중한 관계라면, 본인에게 집중하는 '성장의 시간' 만큼은 서로 존중할 수 있어야 한다고 생각한다. 원하는 결과를 얻고난 뒤에 그 관계는 한층 더 성숙하고 단단해져 있을 것이다.

고독함에 익숙해진 학생은 시험이 가까워질수록 자신감이 생기는 반면, 그렇지 못한 학생은 압박감에 무너지기 쉽다. 혼자만의 시간을 갖는 것에 익숙하지 않은 사람은 주변의 격려나 지지가 없으면 자신에 대한 확신까지 잃는다.

수능 공부를 하다 보면 등수가 공개되거나 친구들끼리 시험 얘기를 하는 등 타인의 시선이 신경 쓰이는 순간이 온다. 괜히 남들에게 내가 잘하고 있다는 것을 보여주고 싶은 마음에 심지어는 점수를 속이기까지 한다.

어차피 수능으로 결정되는 상황에서, 남들의 말이 무슨 의미가 있을까? 고독을 통해 나만의 방에 들어갔다면 외부 시선은 철저히 차단이 된다. 그곳에서는 온전히 나에게 집중할 수 있고, 스스로 상황을 내가 통제한다는 쾌감까지도 느낄 수 있다. 이는 결국 불필요한 에너지 소비를 막고 공부가 올바른 방향으로 흘러갈 수 있게 도와준다.

만약 고독을 부정적인 것으로 여긴다면 앞으로 수험 생활은 꽤나 고단해질 수 있다. 고독을 힘들게 이겨내는 것으로 치부하지 말고 '성장을 위한 수단'이라고 생각해 보자. 내가 그랬던 것처럼 당신도 꼭 고독 속에서 몰입하는 경험을 해봤으면 좋겠다. 앞으로의 공부가 달라질 것이다.

2장

수능 성공을 위한

시간 관리와 몰입

# 가장 효율적이고
# 기민하게 공부하라

## 🔍 같은 공부를 해도 효율적으로 해야 한다

'양보단 질'이라는 말이 있다. 이는 수능 공부에 한해서는 반은 맞고 반은 틀린 말이다. 공부에서는 질적인 부분은 물론이고 양적인 부분도 충분히 채워야 안정적인 점수를 낼 수 있다. 우리의 시간은 한정되어 있다. 여가 시간과 수면 시간을 아무리 줄여도 사용할 수 있는 시간의 최댓값은 변하지 않는다. 그런데 이 소중한 시간을 불필요한 과정에 소비한다면 절대적인 공부의 양은 줄어들 수밖에 없다. 아무리 질이 높은 공부를 했더라도 들인 시간에 비해서 결과가 잘 나오지 않는 이유다. 무엇보다 '효율적인 공부를 하는 것'이 중요하다.

예전에 한 학생의 수학 과외를 한 적이 있다. 공부를 정말 열심히 하기도 하고 워낙 질문이 많아서 다른 과목들까지 같이 봐주곤 했다. 자신에 대한 피드백도 잘하고, 예쁘게 필기하는 것을 좋아하는 학생이었다. 어느 날 그 학생이, 국어 문법을 쭉 정리했다고 해서 잘했는지 봐주기로 했다. 그 정리본을 보자마자 내가 뭐라고 대답했는지 예상이 가는가? '다시는 이렇게 정리하지 말라'고 했다. 예쁘고 보기 좋은 정리본이었다. 하지만 누가 봐도 엄청난 시간을 쓴 것이 보였기 때문이다.

만약 수능이 토익처럼 매달 볼 수 있는 시험이라면 아무 소리도 안 했을 것이다. 공부하는 데 시간이 더 필요하다면 그냥 그다음 달에 시험을 보면 되기 때문이다. 하지만 수능은 아니다. 공부가 좀 덜 되었으니, 다음번을 노려야겠다고 생각할 수 있는 시험이 아니다. 따라서 같은 공부를 해도, 최대한 효율적으로 해야 한다. 특히 N수생에 비해 순공 시간이 부족한 현역 학생은 더욱더 기민하게 나아가야 한다. 주어진 시간 동안 수능에 직접적으로 도움이 되는 공부가 무엇인지 끊임없이 고민하고 행동하자.

오답노트에 문제를 똑같이 옮겨 적는 것이 과연 도움이 될까? 교재에 있는 내용을 똑같이 적는 것이 진짜 도움이 될까? 그냥 교재로 공부하는 것이 빠르지 않을까? 정보를 얻는답시고 커뮤니티를 살펴보는 것이 정말 도움이 될까? 여러 강사의 강의를 동시에 듣는 것이 도움이 될까? 이미 푼 문제인데 굳이 해설 강의도 들어야 할까?

물론 본인이 판단했을 때 소요되는 시간 대비 도움이 될 것 같으면 해도 된다. 사람마다 맞는 공부 방법이 다르기 때문이다. 하지만 의식적으로 판단을 시도하는 것과 시도조차 안 하는 것은 결과에 큰 차이가 있다.

## 🔍 집중이 잘 안될 때는 이렇게 해보자

처음 수능 컨설팅을 시작했을 때 가장 대답하기 곤란했던 질문은 '집중이 잘 안될 때 어떻게 해야 할까요?'였다. 솔직히 처음에는 이해가 안 되었다. 수능까지 며칠 안 남았기에 눈알이 튀어나오게 집중해도 모자랄 판인데, 집중이 안된다니 답답하게 느껴졌다. 그러다 내가 처음 제대로 공부하겠다고 마음먹은 때가 떠올랐다. 하루에 10시간은 무조건 책상 앞에 앉아 있겠다고 다짐했지만, 온몸이 배배 꼬이고, 계속 딴생각이 나고, 30분마다 책상 정리를 했던 예전 내 모습을 떠올리니 비로소 그 심정이 이해가 되었다.

만약 집중이 잘 안된다면, 집중할 수밖에 없는 환경을 만들자.

가장 추천하는 것은 공부해야 하는 분량을 미리 정해놓고, 시간을 제한해 두는 것이다. 개념 공부도 좋고 문제 풀이도 좋다. 예를 들어서 수학 50문제를 풀어야 한다면, 1시간에 25문제씩 풀어보는 것이다. 이때, 이 1시간을 시험 시간이라고 생각하고, 막힌 문제가 있어도 일단 끝까지 푼 다음에 채점과 오답 정리는 한 번에 한다.

한 번쯤 마감 기한이 다 되어서야 해야 할 일을 집중적으로 한 경험이 있을 것이다. 공부 환경을 일부러 촉박한 상황으로 설정하는 방식이다. 집중도가 높아질 수밖에 없다.

가끔 SNS에 올라오는 공부 인증 사진을 보면 14, 15시간씩 공부를 했다고 적혀 있는데, 공부량을 보면 형편없이 적은 경우가 있다. 잊지 말자. 중요한 것은 공부의 양이지 공부한 시간이 아니다. 전국 1등이든 전국 꼴등이든 하루는 공평하게 24시간씩 주어진다. 같은 시간을 어떻게 활용하는지는 전적으로 당신에게 달렸다.


## 🔍 생각의 양을 늘리고 충분한 시간을 투자하자

로마는 하루아침에 이루어지지 않았다는 말이 있다. 즉각적인 성과를 바라는 마음을 모르는 건 아니다. 그러나 실력이라는 것은 하루아침에 완성되지 않는다. 고난도 문제일수록 한 문제에 여러 가지 사고 과정이나 풀이 작업을 요구하기 때문에 경험과 깨달음이 필수적이다. 스스로 시간을 들여 쌓은 경험은 아무리 뛰어난 강사나 교재라도 단기간에 제공할 수 없다.

내가 공부 시간보다 공부량을 강조하는 것도 같은 이유에서다. 절대적인 공부량은 가장 강력한 무기다. 막상 시험장에 들어가면, 대다수의 학생들이 긴장할 것이다. 나도 그랬다. 극한의 상황 속에서 예상치 못한 일이 펼쳐지면 결국 가장 원초적인 실력만이 남는다. 이 원초적인 실력은 오직 절대적인 공부량으로만 채울 수 있다. 여기서 절대적인 공부량은 단순히 공부 시간이나 문제 풀이 수를 의미하는 것이 아니다. '생각의 양'을 의미한다. 수학의 경우, 직접 손으로 계산을 해본 시간과 시나리오를 그리며 사고한 시간의 합이다. 독서의 경우 다음에 어떤 내용이 나올지 적극적으로 예측하며 연결하고 대조한 시간이다. 즉, 더 적은 양의 문제를 풀었어도 생각의 밀도가 높은 공부를 했다면 더 많은 공부량을 수행한 것이다. 이렇게 절대적인 공부량은 시간이나 문제량과 비례하지 않기 때문에 본인만이 측정할 수 있다.

어느 정도 생각의 밀도를 꽉 채울 수 있는 발판이 마련되었다면, 이제 우리에게는 오랜 시간을 들여 꾸준히 몰입하는 과정이 필요하다.

## 🔍 실수는 실력 향상의 필수 요소다

실수는 무조건 안 좋은 걸까? 나는 그렇게 생각하지 않는다. 실수하는 과정도 실력 향상의 필수 요소다. 아이러니하게도 공부 실력은 수없이 많은 실수를 반복하며 끈질기게 매달릴수록 더 크게 성장한다. 실수를 교정하는 의도적인 과정을 되풀이하며 알게 모르게 노하우를 습득하기 때문이다.

모든 모의고사를 잘 보고, 실수 하나 없이 공부하는 것이 이상적이라고 생각하는가? 오히려 반대다. 이런 방식의 공부는 최악이다. 사람은 실수와 교정에 필요한 '피드백'을 통해서 발전한다. 따라서 최대한 다양한 실수를 해보자. 그리고 피드백을 쌓아가는 것이다.

실수를 예방할 수 있는 유일한 방법은 실수를 해보는 것이다. '시험장에서는 정신을 똑바로 차려라', '끝까지 집중력을 유지해라'와 같은 조언은 실수를 예방하는 데 큰 도움이 되지 않는다. 수능을 볼 때 집중하지 않는 학생이 어디 있겠는가? 실수는 이전의 실수에서 얻은 경각심과 깨달음으로 피하는 것이다. 모의고사에서 했던 실수는 수능에서 할 실수를 미리 했다고 생각하자. 사람마다 특정 실수를 하는 횟수는 정해져 있다고 생각한다. 어떤 학생이 분수 곱셈에서 실수를 다섯 번 했다고 하자. 이 학생은 이후 분수 곱셈 문제에서는 절대 실수하지 않을 것이다. 실수 몇 번 했다고 좌절할 필요가 없다는 말이다. 수능에서 실수할 확률이 줄었다고 생각하자. 우리가 해야 할 일은 실수했던 내용을 정확히 피드백한 뒤 복습을 통해 경각심을 높이는 일이다.

만약 지금까지의 내용이 크게 와닿지 않았더라도 상관없다. 원래 본질적인 내용일수록 스스로 직접 부딪쳐봐야지 완전한 내 것이 된다.

**02**

# 몰입에
# 대하여

## 🔍 노력과 몰입은 다른 것이다

종종 컨설팅을 하다 보면 내 수험 생활 이야기를 할 때가 있다. 그럴 때 가장 많이 받는 두 가지 질문은 '어떻게 공부를 그렇게 열심히 했어요?'와 '공부가 진짜로 재밌었어요?'다. 보통은 그냥 웃어 넘기지만 집요하게 물어보는 학생에게는 '나는 공부에 진정으로 몰입했기 때문에 모든 게 가능했다'고 답했다.

흔히 노력과 몰입을 비슷한 의미로 간주하지만 나는 이 두 가지 사이에는 분명한 차이가 있다고 생각한다. 바로 '집중의 질'이 다르다는 것이다. 집중의 측면에서 보면 '노력'은 힘든 일을 억지로 하는 듯한 느낌이 강하다. 자신의 욕망을 억누르고, 환경에 맞서 집중을 시도하는 것이다. 반면 '몰입'은 공부하는 행위 자체가 강력한 욕망이며, 환경이 되는 것이다. 따라서 우리는 원하는 결과를 얻기 위해서 노력이 아닌 온전한 몰입을 해야 한다.

진정으로 몰입한 상태는 어떤 상태를 말할까? 공부 자체에 푹 빠져서 외적인 요소가 비집고 들어올 틈이 전혀 없는 상태를 말한다. 책상 앞에 앉아 있을 때 잡념과 불안이 전혀 없는 상태다. 길을 걸을 때도, 밥을 먹을 때도 마찬가지다. 어떻게 더 공부해서 발전할 수 있을지를 끊임없이 고민하고 있을 때 진정으로 공부에 몰입했다고 할 수 있다.

내가 이토록 몰입을 강조하는 이유는 단 하나다. 몰입 상태에서는 같은 시간을 공부해도 생각의 밀도가 높아지므로 훨씬 효율적인 공부를 할 수 있기 때문이다. 자연스럽게 남들보다 더 빠른 속도로 실력을 높일 수 있다. 오늘 하루, 최선을 다했다는 만족감이 따라오며 이 과정에서 지치는 것이 아니라 오히려 공부를 지속할 수 있는 에너지를 얻는다.

내 수험 생활은 아침에 휴대폰 알람이 울리자마자 화장실로 향해 샤워를 하면서 전날 밤에 세워둔 공부 계획을 떠올리는 것으로 시작했다. 샤워를 마치면 책상 앞에 앉아 등교하기 직전까지 독서 두 지문을 읽었다. 아침 식사를 할 때는 문법 개념을 읽었고, 자습시간에는 수학 문제집을 풀었다. 집중이 어려운 시끄러운 점심 시간이나 쉬는 시간에는 인강을 들었다. 자습을 못하는 수업 시간에는 개념을 복습했고, 하교 후에는 독서실에서 탐구 과목을 공부했다. 저녁은 김밥으로 대충 때우며 오답노트를 읽었고 이후에는 수학과 국어 공부를 마무리했다. 오후 11시경이 되면 짐을 챙겨 집으로 향하며 그날 얻은 교훈을 다시 읊었다. 집에 도착해서는 다음날 공부 계획을 짰고, EBS 문학을 읽으며 잠자리에 들었다.

지금 돌이켜보면 '내가 정말 공부에 미쳤었구나' 하는 생각도 들지만 정작 당시에는 하루를 단 1초도 허투루 보내지 않았다는 충만감으로 가득 찬 상태였다. 시험에 대한 불안과 걱정은 없었다. 내 관심사는 오직 '오늘 어떤 교훈을 얻었고, 내일은 어떤 공부를 할지' 뿐이었다. 힘들기는커녕 오히려 힘이 넘쳤다. 집중을 하려고 애쓰지 않았고 그 시간을 버티거나 욕망을 억누르고 있다는 생각이 아니었기 때문에 괴롭지도 않았다. 그저 몰입의 흐름에 몸을 맡긴 것이다.

이런 노력과 몰입의 차이를 모른 채, 많은 수험생이 외부로부터 노력을 강요받고 있다. 유튜브에 있는 수많은 동기부여 영상에서는 성공한 사람들이 모두 엄청난 정신력으로 이겨낸 것처럼 말한다. 하지만 버틴다는 생각을 하면 온전히 몰입할 수 없다. 성공하려면 무조건 버텨야 한다는 프레임이 수험생이 몰입할 기회조차 앗아가는 것 같아 안타까울 때가 많다.

　진정한 몰입을 위해서는 몇 가지 조건이 있다. 우선 최소한의 흥미와 시간이 필요하다. 영어를 아예 모르는 사람이 미국 드라마에 몰입할 수 없듯이 공부를 거의 안 해본 사람이 공부 자체에 몰입하기는 어렵다. 흥미 정도는 갖고 있어야 몰입을 시도할 수 있다. 처음에는 조금 지루할 수 있지만 흥미가 생기기까지 공부에 약간의 강제성을 부여해야 한다.

　다음으로는 몰입할 수 있는 환경을 조성하는 것이다. 공부보다 쉽게 손이 가는 것이라면 과감히 없애야 한다. 스마트폰이나 SNS, 영상 매체 등 공부보다 흡입력이 강한 것은 내 시야에서 없애도록 하자. 단언컨대, 내 수험 생활에 스마트폰이 있었다면 절대 같은 결과를 내지 못했을 것이다. 몰입을 위한 최고의 환경은 적당한 긴장감이 흐르는 환경이다. 쉬는 공간과 공부하는 공간을 확실히 분리하는 것을 추천한다. 공부를 하다가 언제든지 휴식을 취할 수 있다면 긴장이 풀리고 몰입도가 떨어질 수밖에 없다. 독서실을 가장 추천하지만 꼭 집에서 공부해야 한다면 최소한 침대가 있는 방은 피하자.

　동기 또한 몰입의 촉발제다. 단, 성적이나 경쟁자, 대학 등의 외재적 동기는 오래 가지 못하고 금방 무너질 수 있다. 몰입을 위한 동기는 나 자신에게 집중하는 내재적 동기가 원천이어야 한다.

'어제보다 발전한 나', '내 약점을 발견하고 보완하는 나' 등을 원동력 삼아 시도하자.

나는 인생의 마지막 순간에 삶을 되돌아봤을 때 후회를 한다면 그것은 실패한 인생이라고 생각한다. 수험 생활도 마찬가지다. 스스로 되돌아봤을 때 후회가 남는다면 그것은 실패한 수험 생활이다. '내일 어떠한 결과가 나오더라도 후회하지 않을 것인가?'라고 스스로에게 질문했을 때 미소를 지으며 그렇다고 대답할 수 있는 날이 오길 바란다. 그러기 위해서 몰입의 경험은 반드시 필요하다.

# 메타인지는 충분히
# 기를 수 있는 능력이다

## 🔍 메타인지 능력은 왜 필요한가?

메타(meta-)는 '최상의'라는 뜻을 가진 접두어다. 메타인지는 '최상의 앎', 즉 자신이 아는 것과 모르는 것을 정확히 구분할 수 있는 능력을 의미한다.

누군가 나에게 상위권과 하위권의 가장 큰 차이점을 말해보라고 한다면 나는 공부량 다음으로 메타인지를 꼽을 것이다. 상위권 학생들은 대부분 자신의 부족한 점에 대해 잘 알고 있다. 해결 방안은 몰라도 문제점만큼은 스스로 진단할 줄 아는 상태다. 그에 반해 하위권 학생들은 자신이 무엇이 부족한지조차 인지하지 못하는 경우가 많다. 정확히 말하면, 인지하려는 노력이 부족하다.

메타인지는 하루아침에 생기는 능력이 아니다. 실패도 해보고, 무엇이 부족한지 고민하고, 어렴풋이 해결 방법을 떠올려 보고, 실제로 해결해 나가면서 쌓이는 능력이다.

부끄럽지만 나는 메타인지 능력이 0에 수렴하는 학생이었다. 고등학교 1학년까지는 수학 문제를 틀려도 왜 틀렸는지, 어떤 개념을 몰라서 틀렸는지 전혀 생각하지 않고 오답을 수정하기에만 급급했다. 고등학교 입학 전에 미리 공부한답시고 화학 강의를 들은 적 있다. 그 강의를 총 세 번을 들었는데도 개념을 완벽히 암기하지 못했다. 결국 나는 화학에 재능이 없다는 도피성 결론을 내리고 수능 과목으로 물리와 생명을 선택했다. 그러다 고등학교 2학년 여름방학, 이렇게 공부하면 절대로 실력이 오를 수 없다는 것을 처음으로 인지했다. 사실 이미 나는 알고 있었던 것 같다. 다만 내가 그동안 잘못된 공부를 하고 있었다는 사실을 인정하기 싫었고, 또 그렇게 공부하는 것이 편했기 때문에 외면한 것에 더 가깝다. 더 이상 두고 볼 수 없어 스스로 안전지대를 깨고 나올 용기를 낸 것이다.

일단 화학 공부에서 기반(개념)이 무너지면 절대 높은 점수를 낼 수 없다는 것을 인지한 나는, 맨 아래부터 다시 쌓아 올리겠다는 마음으로 모든 과목의 개념 강의부터 듣기 시작했다. 이미 내신 시험을 치른 수학과 과학부터 공부의 기본인 국어까지 전부 처음으로 돌아갔다. 당시의 나로서는 꽤 큰 다짐이었다.

과거의 실수를 번복하지 않기 위해 강의를 들을 때마다 빈 종이를 펼쳐놓고, 배운 내용을 모조리 적어 내려갔다. 무식한 방법이었지만 이 과정을 통해 내가 아는 것과 모르는 것을 정확히 구분할 수 있었다. 빈 종이에다 적지 못한 것은 철저하게 다시 공부했다. 이 과정을 반복한 뒤 소제목만 보고 교재의 모든 내용을 종이에 적을 수 있게 되면 그제서야 다음 강의로 넘어갔다. 이렇게 일주일 동안 공부하고 주말에 한 번 더 백지 복습을 했다. 수차례 반복에도 여전히 기억나지 않는 내용이 생기면 그 부분을 집중적으로 다시 공부하고 완벽히 적을 수 있을 때까지 반복했다.

강의를 처음부터 끝까지 들었을 때의 기분은 아직도 생생하다. 비로소 공부다운 공부를 했다고 느꼈고, 그때 나의 메타인지 능력이 가파르게 상승했다고 생각한다.


## 🔍 메타인지 능력을 기르면 실력은 따라온다

그 후로도 수많은 좌절과 시행착오를 거치고 피드백을 하며 메타인지 능력을 계속 향상시켰다. 메타인지는 타고나는 능력이 아니며, 스스로 생각하는 만큼 길러지는 능력이다. 상위권들의 메타인지 능력이 높다는 것은, 다른 말로 하면 내가 아는 것과 모르는 것에 대한 구분을 잘할 수 있으면 실력이 오르는 것은 시간 문제라는 말이다.

어디서부터 이 능력을 길러야 할지 감이 안 잡힌다면 우선 내가 했던 방법대로 빈 종이에 공부한 내용을 전부 적어보기를 추천한다. 말로 설명해 보는 방식도 괜찮다. 이때 자신이 적거나 설명하지 못한 내용은 철저히 모르는 것으로 간주한다. 이 과정을 반복하다 보면 어느 정도로 공부해야 머릿속에 들어오는지 감이 잡힌다.

아래 질문에 답해보자. 수2 교과서에 나오는 개념들이다.

**질문** 　1. 연속의 정의가 무엇인가?
　　　　2. 미분가능성의 정의가 무엇인가?
　　　　3. 극대 극소 정의가 무엇인가?
　　　　4. 평균값 정리가 무엇인가?

장담하건대, 위 질문에 정확히 답할 수 있는 수험생은 10%도 안 될 것이다. 가장 기본적인 개념인데도 말이다. 만약 2번 질문에 '도함수가 연속인 것', 3번 질문에 '도함수가 0이 되는 지점', '도함수의 부호가 변하는 지점'과 같은 대답을 했다면, 지금 당장 이 책을 덮고 수2 교과서를 꺼내서 백지 복습을 하기를 추천한다. '교과서 위주로 공부하세요!' 같은 주장을 하는 것이 아니다. 가장 기본적인 개념조차 잘 모르는데, 그로부터 파생되는 다른 내용이 흡수될 리가 없다. 이는 기본 개념에 국한된 것이 아니다. 수학 킬러 문제를 풀어서 새로운 풀이 방법을 배웠다면, 답지없이 처음부터 쭉 해설을 해보는 것이다. 더 좋은 방법은 '왜' 그렇게 푸는지, '왜' 그 계산을 해야 하는지까지 설명하는 것이다.

개념 공부를 지나 난도가 높은 문제를 접할수록 자신의 문제점은 파악해도 그 해결 방법이 쉽게 떠오르지 않을 수 있다. 가장 좋은 방법은 그럴 때는 머리를 싸매고 스스로 그 벽을 뚫어낼 방법을 강구하는 것이다. 하지만 수험생의 시간은 한정되어 있기에, 그 난관을 거쳐 간 선배나 강사에게 도움을 요청하는 것도 좋은 방법이다. '시간이 해결해 주겠지'라는 안일한 생각은 당장 버려라. 시간이 해결해 주는 영역보다 그렇지 않은 영역이 더 넓다. 이렇게 말해도 당장 백지 복습을 실천하는 학생은 절반도 안 될 것이다. 귀찮고 불편하기 때문이다. 하지만 발전은 안전지대를 벗어난 불편한 영역에서 이루어진다고 앞에서도 말했다.

나는 공부도 공부지만, 공부 자체에 대한 생각을 누구보다 많이 했다고 자부한다. 내가 무엇이 부족해서 이 문제를 틀렸는지, 어떤 공부를 해야 약점을 보완할 수 있는지, 어떤 과정에서 잘못되었는지 수없이 생각했다. 한 분야에서 성공한 사람들의 인터뷰나 책을 보면, 순탄하게 성공한 사람은 단 한 명도 없다. 모두 실패와 좌절을 딛고 자신만의 해결 방법을 깨달아 발전을 거듭하다 보니 정상의 자리에 서게 된 것이다.

# 가장 경계할 것은
# '자기 합리화'이다

## 🔍 자기 합리화는 공부에 도움이 되지 않는다

'방어기제'란 인간이 불안감이나 스트레스 같은 부정적 감정을 줄이기 위해 무의식적으로 사용하는 심리 전략을 의미한다. 인간이라면 누구나 최소한의 방어기제를 가지고 있으며 특히 수능을 앞둔 수험생은 일상에서도 불안이나 극도의 압박감, 스트레스 등에 노출되기 쉬운데, 이때 방어기제는 '심리적 보호막'의 역할을 한다. 내 선택이 틀리지 않았음을, 그동안의 노력이 헛되지 않았음을 지지해 주는 것이다. 이를 통해 지나친 죄책감이나 후회를 느끼지 않고 일상생활을 이어갈 수 있게 한다. 이처럼 평소에 방어기제는 긍정적 역할을 하지만 사실 수험생에게는 큰 방해물이 되기도 한다.

친구가 좋은 성적을 받았을 때 '아, 저 친구는 머리가 좋아서 성적을 잘 받은 거야'라고 생각한 적이 있는가? 누군가 좋은 결과를 내었다면 그 사이에 어떤 과정이 있었는지 궁금해하는 것이 일반적이다. 하지만 이때 방어기제가 먼저 작동한다면 '저 사람은 나와 다르다'라는 생각으로 자신의 한계부터 정해버린다. 방어기제 중에서도 가장 경계해야 하는 것은 '자기 합리화'이다. 예를 들어 시험 점수가 잘 나오지 않았다고 가정해 보자. 대부분 시험 준비 과정에서의 부족함이나 본인의 실수보다는 시험의 난도나 환경 자체에서 문제점을 찾으려는 경향이 있다. '이 시험지는 너무 어려웠다', '오늘 컨디션이 너무 안 좋았다', '옆 사람이 너무 신경 쓰였다' 등의 외부 요인을 끌고 온다.

시험 결과를 자신의 책임이 아닌 외부 요인으로 돌릴수록 발전할 수 있는 기회는 그만큼 줄어든다. 합리화는 당장의 불편한 감정으로부터 자신을 보호하는 데 도움을 줄 수 있지만, 장기적으로 보면 자기 성찰과 개선의 기회를 가로막는 장애물이 된다. '시험이 너무 평가원스럽지 않았어', '이번 시험은 운이 나빴어'라고 스스로를 위로하기보다는 그동안의 공부 방법과 시간 관리에 문제점은 없는지 정면으로 마주해야 한다. 그 순간은 불편할지라도 이러한 문제를 직시하고 교정할 때 실력은 성장한다.

만족스럽지 못한 결과를 부인하거나 합리화하고 싶은 생각이 든다면, 그 생각을 잠시 멈추는 연습을 해보길 바란다. 어느 누구도 방어기제를 대신 해제해 줄 수 없다. 자존심을 살짝 접자. '앗, 내가 방금 합리화를 하려고 했구나. 합리화가 아닌 객관적인 피드백을 하자'라고 생각해야만 진정한 자기 발전을 이룰 수 있다.

물론 진짜로 컨디션이 좋지 않았거나, 실제로 모의고사의 기조가 평소와 같지 않을 수도 있다. 옆 사람이 방해했을 수도 있고, 최적의 환경에서 시험을 보지 못했을 수도 있다. 하지만 수능은 마법의 실력 측정기로 평가하는 게 아니다. 수능 당일, 딱 그날의 시험으로 점수를 받는다. 자신의 실력보다 점수가 잘 나왔든 덜 나왔든 그 점수가 자기 점수다.

수능 당일에는 어떤 일이 벌어질지 아무도 모른다. 지진이 일어나서 수능이 연기될 거라고 누가 예상했겠는가. 평소에 예상치 못한 일이 벌어지면 순간의 불편함을 모면하기 위해 합리화를 꾀하는 대신, 어떻게 대처할지 미리 생각해 놓는 것이 더 바람직하다.

## 🔍 시험 점수는 절대 거짓말하지 않는다

가끔 본인의 실력보다 수능 점수가 너무 낮게 나왔다고 한탄하며 내게 찾아오는 학생이 있다. '언매가 너무 어려워서 휘말렸다', '독서 지문에 시간을 너무 오래 썼다', '수학 9번부터 막혀서 멘탈이 나갔다' 등 이유도 참 다양하다. 그리고 평소 실력만큼 점수를 받기 위해서는 어떻게 공부해야 하는지 물어본다. 잔인하게 들릴 수도 있지만, 그들은 딱 본인의 실력만큼 점수를 받아 온 것이다. 이렇게 말하면 당연히 납득하지 못한다. 평소에는 1등급을 놓친 적이 없었기 때문이란다.

실력에 대해 내가 내린 정의는 이렇다. 실력이란 '가장 자주 받은 점수'가 아니라, '받을 수 있는 점수의 구간'이다. 99번의 시험에서 90점을 받고 1번의 시험에서 60점을 받은 학생의 실력은 90점이 아니라 '60점에서 90점'이다. 지금 이 글을 읽고 반발심이 끓어오르는가? 잠시 생각을 멈추고 숨을 고른 뒤, 순간적으로 나의 방어기제가 부인을 시작하려는 것은 아닌지 돌이켜 보자.

수능은 '단 한 번의 시험'이다. 그 한 번의 시험에서 최하점이 나왔다면 그 점수가 내 수능 점수가 되는 것이다. 나는 수능을 준비할 때 자존심과 방어기제를 최대한 내려놓았다. 어떤 종류의 실전 모의고사를 어떤 환경에서 보았든 내가 받은 점수는 수능에서 받을 수 있는 점수로 간주했다. 그리고 무엇이 부족했는지, 왜 이런 점수가 나왔는지 피드백하는 것을 최우선 순위로 두었다. 가끔 생각지도 못한 점수가 나올 때마다 핑계를 대고 싶은 마음이 치솟았지만 수능에서도 충분히 일어날 수 있는 일이라는 생각으로 피드백에 집중했다. 그제야 진정한 나의 약점과 마주할 수 있었다.

### 방어기제의 예시

- 저 사람은 머리가 좋아서 잘하는 거지. 나는 아니야.
- 이 모의고사는 너무 사설에서 나온 것 같아. 평가원과 안 어울려.
- 어제 잠을 너무 못 자서 컨디션이 안 좋았네.
- 옆 사람이 다리를 떨어서 시험을 못 봤어.
- 오늘은 주말이니까 공부를 좀 덜 한 거야.
- 국어 문제가 너무 쪼잔했어. 수능에는 이런 거 안 나와.
- 원래는 잘 풀었을 텐데 이상한 실수를 했네. 이 점수보다는 높게 나올 거야.
- 아직 문제를 덜 풀어서 실수했네. 시간이 지나면 저절로 해결될 거야.
- 책상이 삐그덕거려서 집중을 못했어. 그 책상만 아니었어도….
- 긴장해서 그런가? 갑자기 배가 너무 아팠어. 이건 내 실력이 아니야.
- 옆 친구는 나보다 못하는데 점수가 높네? 잘 찍었나 보네.
- 수능은 그날의 운이 대부분을 결정한다던데. 운이 좋으면 잘 보는 거지 뭐.

수험생이라면 한 번씩은 이런 생각들로 스스로를 방어해 본 경험이 있을 것이다. 사실 방어기제는 인간의 본성이기 때문에 어쩔 수 없는 측면도 있다. 하지만 지금부터는 객관적인 시선을 유지하도록 노력해 보길 바란다. 수험생은 프로의 자세로 수능에 임해야 한다. 프로 선수가 당일 컨디션이나 환경의 이유로 가산점을 받고 시작하는 것을 본 적이 있는가? 원래라면 더 잘했을 것이라고 경기의 승부가 뒤집히는 경우가 있는가? 당연히 없다. 수능도 마찬가지다. 1부터 100까지 전부 본인이 책임져야 하는 게임임을 잊지 말자.

# 시험에는 언제나 변수가 존재한다

## 🔍 모든 변수를 내 실력으로 만들어라

시험이란 단순히 문제를 푸는 행위가 아니다. 시험장에서 발생하는 모든 상황, 순간의 컨디션, 주변 환경까지 모두 시험의 일부다. 시험을 잘 보기 위해서는 이런 변수가 무조건 나타난다고 생각하고, 정면으로 받아들여야 한다. 완벽한 환경에서 문제를 푸는 상황은 없다고 생각하는 편이 낫다. 평소에 의식적으로라도 이렇게 생각해야 어떤 상황에서도 집중력을 유지할 수 있다.

수능은 단 한 번의 기회로 자신의 실력을 평가받는 자리다. 어떤 변수가 생기든 그 상황에 얼마나 빠르게 대처하고 냉철하게 문제를 해결해 나갈 수 있는지가 관건이고 진정한 실력이다.

변수도 시험의 일부임을 이해했다면, 그 변수를 통제할 자신만의 방법을 만들어보자. 나 같은 경우에는 과목별로 일어날 수 있는 모든 변수와 그 대처법을 미리 생각해 두었다. 아래는 내가 생각해 본 변수와 대처법 중 극히 일부다.

**국어**

- **문법이 너무 어려울 경우**: 일단 별표 쳐놓고 매체로 넘어가자.
- **매체에서 답이 안 보일 경우**: 답인 것 같은 선지 2개만 남겨놓고 독서론으로 넘어가자.
- **포함 관계가 너무 복잡한 법 지문이 나올 경우**: 간단하게 구조화시켜 메모해 놓자.
- **변동 양상이 복잡한 경제 지문이 나올 경우**: 변동 양상의 증감만 정확히 표기해 놓고, 변동의 결론만 챙기고 넘어가자.
- **이해할 수 없는 논리 지문이 나올 경우**: 100% 이해하려고 하지 말고, 핵심 주장과 근거만 챙겨서 넘어가자.
- **정보량이 너무 많은 과학 지문이 나온 경우**: 나중에 다시 돌아와서 찾을 수 있게 어떤 구간에서 어떤 내용을 서술했는지만 기억하자.
- **문학에서 시간이 오래 걸린 경우**: 일단 빨리 풀 수 있는 현대시와 고전시가부터 먼저 풀자. 여차하면 한 세트는 버리더라도 문제들은 정확히 풀자.

- **계산 실수를 했거나 막힌 경우:** 경험상 일단 넘어가고 다시 돌아오면 잘 풀린다. 다음 문제로 마음 편히 넘어가자.
- **모르는 문제가 너무 많을 경우:** 모의고사 때도 처음 풀 때 거의 여섯 문제를 못 풀고 넘겼지만, 결국 돌아와서 다 푼 경험이 있다. 두 번째 기회가 반드시 주어진다는 점을 기억하자.

영어

- **영어 듣기가 갑자기 안 들리는 경우:** 당황하지 말고 뒤의 빈칸 추론 문제부터 풀자.

그 외

- **앞 사람이 다리를 떨 경우:** 시험에 지장을 주지만 어쩔 수 없다. 시험의 일부이다.
- **마킹 실수를 한 경우:** 수정테이프를 미리 챙겨 가자. 감독관이 가져올 때까지 시간이 걸린다.
- **시계가 고장난 경우:** 혹시 모르기 때문에 2개 챙겨 가자.
- **시험지 인쇄가 잘못된 경우:** 파본 검사 때 빠르게 살펴보자. 시험 중간에 발견한다면 감독관에게 빠르게 말하고 OMR 마킹부터 한다.
- **감독관이 시험 중 말을 시키는 경우, 배탈이 날 경우, 갑자기 사이렌이 울릴 경우, 전날 잠을 잘 못 잔 경우, 밖에서 소음이 들리는 경우, 두통이 심하거나 감기에 걸릴 경우**

상위 1%도 몰랐던 수능 성공의 비밀

대부분의 사람들은 어떻게 하면 더 많은 문제를 맞힐 수 있는 지에만 관심이 있고 정작 시험장의 변수나 심리적 요인에는 크게 신경을 쓰지 않는다. 하지만 변수는 언제나 등장할 수 있다. 모든 상황을 통제할 수는 없겠지만, 미리 생각해 본 사람은 그러지 않은 사람보다 훨씬 더 유연하게 대처할 수 있다. 돌발 상황에서 마음을 다잡고, 곧바로 집중력을 회복하는 데 결정적 역할을 한다.

수능에서 평소보다 실제로 낮은 점수를 받아 오는 학생들은 실력도 실력이지만, 시험장의 변수에 대한 고민을 충분하지 않아서라고 생각한다. 변수라는 것이 꼭 돌발 상황만 있는 것은 아니다. 익숙하지 않은 문제 유형까지도 포함한다.

내 기준에서는 독서 지문 하나가 어려웠다고 전체 시험의 흐름이 끊기거나 멘탈에 지장이 가서는 안 된다고 생각한다. 정시 파이터라면 시험장에 들어가기 전, 독서 한 세트가 풀지 못할 정도로 어려운 상황일 때 대처법 정도는 생각해 뒀어야 한다. 그 정도도 대비를 안 해뒀다는 것은 수능 대비를 소홀히 했다는 증거다.

내신 시험은 다음에 만회할 기회가 있다. 하지만 수능에서 다음 기회란 없다. 한 번 미끄러지면 그대로 끝이라는 점을 잊지 말자. 아무리 사소한 변수라도 스스로 대처법을 생각해 두어야 한다.

고사성어 중에 진인사대천명盡人事待天命이라는 말이 있다. '인간으로서 해야 할 일을 다 하고 나서 하늘의 명을 기다린다'는 뜻이다. 수능도 마찬가지로 일단 내가 해야 하는 일을 다 한 뒤에는 운에 맡기자. 여기서 말하는 '해야 하는 일'은 단순히 공부만 일컫는 게 아니다. 시험장에서 일어날 수 있는 변수와 장애물에 철저히 대비한 자만이 하늘의 명을 기다릴 수 있다.

시험장에서 일어날 수 있는 모든 변수와 그 대처법을 생각하다 보면, 어느 순간 '수능을 잘 볼 자신은 없어도 망하지는 않을 것 같다'라는 생각이 든다. 이때 비로소 좋은 결과를 낼 수 있는 자격이 생기는 것이다.

## 🔍 근거 없는 소문에 흔들리지 말자

매년 반복되는 일이지만 날이 점점 추워지고 수능이 가까워지면 유언비어가 퍼진다. '올해는 국어가 쉬울 것이다', '어떤 작품이 연계될 것이다', '더 이상 도형은 출제가 안 된다' 등 매번 출처를 알 수 없는 소문이 떠돈다. 강사들은 수능 예상 강의를 시작하고, 학원에서는 적중률을 앞세워 광고한다.

평가원은 '예상'이 아니라 '대응'해야 하는 대상이다. 소문은 언제나 생기기 마련이다. 당해 수능이 끝나면 언제 그랬냐듯이 소문들이 싹 사라지고, 그 다음 해 수능을 예상하는 소문이 나온다.

실제로 21학년도에 있었던 일이다. 당해 6월 모의고사에서 정철의 〈관동별곡〉이 출제되었다. 그리고 '한 번 출제된 작가의 작품은 같은 수능에는 출제되지 않는다'라는 소문이 돌았다. 유명인강이나 대치동의 강사들까지 이 소문을 퍼뜨렸고, 아예 파이널 교재에서 정철의 작품을 빼버린 강사도 있었다. 학생들은 당연히 공부해야 할 작품이 하나 줄었다고 좋아했다. 그러나 21학년도 수능에는 정철의 〈사미인곡〉이 출제되었고, 정철의 작품이 나오지 않는다고 주장하던 학생들과 강사들은 수능이 끝나자 감쪽같이 사라졌다.

인터넷 세상에는 더 많은 소문이 빠르게 퍼지곤 한다. 많은 수험생이 이런 소문에 기대어 공부 전략을 짠다. 일타 강사가 올해는 어떤 과목이 쉬울 것 같다고 하면 해당 공부를 덜 하고, 어떤 유형이 안 나올 것 같다고 하면 그 유형은 아예 빼고 공부한다.

평가원장이 직접 나와서 교육과정에서 어떤 유형을 공식적으로 제외한다고 발표하지 않는 이상 모든 유형이 출제된다고 가정하고 공부하길 바란다. 난도의 경우에도 항상 어려운 난도로 출제된다고 생각하고 공부해야 한다. 수능에 대해서는 그 어떤 예상도 하지 말고, 어떤 상황이 펼쳐져도 대응할 수 있게 준비하자.

수험생 입장에서 남의 말은 참 달콤한 선택지일 수밖에 없다.

특히 권위 있고 유명한 사람의 말이라면 더욱 그렇다. 강사들이 제공하는 예상 강의나 자료를 믿고 따르기만 하면 모든 것이 해결될 것 같은 기분이 든다. 그러나 문제는 그 편안함이 오래가지 않는다는 데 있다. 소문에 의존하는 순간, 스스로 시험의 통제권을 불확실한 영역에 넘기는 꼴이 된다. 예상이 빗나가면 그 피해와 책임도 고스란히 자신의 몫이 된다.

그 어떤 소문도, 어느 일타 강사도 내 점수를 책임지지 않는다. 수능의 본질은 변하지 않는다. 그 본질은 철저한 대비와 꾸준한 준비를 통해 대응하는 것이다. 불확실성 속에서도 흔들리지 않고 대응할 수 있는 힘을 기르는 것, 이것이 정시 파이터가 진정으로 수능을 정복하는 길이다.

# 2부

## 정시로 승부 보는

## 과목별 공부 전략

3장

수능의 기본은

국어에서 시작한다

# 01

# 수능 국어
# 공부의 특징

## 🔍 국어 공부가 어려운 이유

국어는 크게 독서, 문학, 선택 과목 세 파트로 나뉜다. 독서는 독서론 한 지문과 인문·논리·예술·과학·기술·경제·법 등의 주제에서 세 지문이 단독 또는 융합 출제된다. 문학은 보통 현대시·현대소설·고전소설·고전시가 네 가지 갈래에서 한 세트씩 출제되는데, 가끔 두 가지 이상 갈래가 합쳐져 출제되는 경우도 있다. 최근 문학의 난도가 올라가면서 오답률이 높은 문제에 문학 문제가 종종 보이기도 한다. 선택 과목은 언어와 매체, 화법과 작문으로 나뉜다. 보통 줄여서 '언매', '화작'이라고 부른다.

컨설팅을 할 때 가장 많은 질문을 받는 과목이 무엇일까? 바로 '국어'이다. 공부의 갈피를 가장 못 잡는 과목도 국어이고, 가장 예상치 못한 점수를 받아 오는 것도 국어다. 국어는 배우는 입장이든, 가르치는 입장이든 가장 골치 아픈 과목이다. 왜 그런 것일까? 수학의 경우 풀이 과정을 적기 때문에 어떤 생각과 과정을 거쳐서 문제를 풀었는지 직관적으로 알 수 있다. 심지어 어디서 실수했는지도 단번에 알 수 있다. 하지만 국어의 경우 같은 답을 고른 학생이라도 각자 선택의 이유가 다르며, 지문이나 작품을 읽으면서 어떤 생각을 했는지도 본인만 알 수 있다. 자신이 어떤 사고 과정을 거쳐서 답을 골랐는지 모르는 경우도 있다. 이런 특징 때문에 많은 학생이 국어 공부의 갈피를 못 잡고 방황한다.

국어는 '지식'에 관한 과목이 아니라 '태도'에 관한 과목이다. 수학과 탐구는 공식이나 풀이법 등 최소한의 지식이 필요하지만, 국어는 문법을 제외하면 배경지식이 점수에 큰 도움이 되지 않는다. 물론 이미 알고 있는 내용이 독서 지문으로 출제된다면 어느 정도 이득을 보겠지만, 정답을 고르는 것은 다른 얘기다. 국어 공부는 지문과 작품을 읽을 때의 태도에 집중해야 한다. 하지만 많은 학생이 마치 수학처럼 왜 틀렸는지에 대한 지식에 초점을 맞춰 공부한다. 앞에서 언급했던 예시를 다시 살펴 보겠다.

지문  실물을 촬영하여 얻은 자연 영상을 그대로 화면에 표시할 때와 달리 3D 합성 영상을 생성, 출력하기 위해서는 모델링과 렌더링을 거쳐야 한다. 모델링은 3차원 가상 공간에서 물체의 모양과 크기, 공간적인 위치, 표면 특성 등과 관련된 고유의 값을 설정하거나 수정하는 단계이다. 공간에서의 입체에 대한 정보인 이 데이터를 활용하여, 물체를 어디에서 바라보는가를 나타내는 관찰 시점을 기준으로 2차원의 화면을 생성하는 것이 렌더링이다.

선지  ① 모델링은 다른 물체에 가려져 보이지 않는 부분에 있는 표면 특성은 계산하지 않는다.

이 문제를 푼 뒤, '아, 모델링 단계에서는 어디에서 바라보는가를 나타내는 관찰 시점은 고려하지 않는구나'라고 오답 정리를 하고 넘어가는 것은 국어 실력에 전혀 도움이 되지 않는다. 태도에 대한 공부가 아니라 지식에 대한 공부이기 때문이다. 수능에 똑같은 지문이 출제되지 않는 이상, 시간 낭비를 한 것이다. 우리는 '두 개 이상의 항목을 서술한다면, 정확하게 비교해서 차이점과 공통점을 확보하자'라는 태도에 초점을 맞춰 공부해야 한다.

문학도 마찬가지다. 단순히 선지의 맞고 틀린 이유만 이해하고 넘어가는 것이 아니라, 이 선지를 판단하기 위해서는 애초에 작품에 어떻게 접근했어야 하고, 어떻게 판단했어야 하는지 고민해야 한다.

이처럼 국어는 의식하지 않으면 잘못된 방향으로 공부할 확률이 매우 높다. 시간과 노력을 쏟아도 다른 과목에 비해 점수가 잘 오르지 않는 이유이기도 하다. 따라서 처음부터 정확한 방향으로 공부하는 것이 무엇보다 중요하다.

## 🔍 변수가 많은 국어, 어떻게 대비할까

국어는 모든 과목 중에서 텍스트량, 즉 정보량이 제일 많기 때문에 변수가 작용할 확률도 가장 높다. 처리해야 할 정보량이 많을수록 실수를 범할 확률이 높기 때문이다. 특히 시간 관리 측면에서 난도가 높고, 한 번에 무너지기도 쉽다. N수생들의 이야기를 들어보면, 수학이나 탐구보다 국어를 망쳤다는 경우가 압도적으로 많다. 아직 뇌가 활성화되지 않고, 긴장감이 최고조에 달한 상황에서 시험을 쳐야 하는 첫 교시라는 점도 영향을 미쳤을 것이다.

국어는 지문을 많이 읽고, 문제를 많이 푼다고 무조건 실력이 느는 과목이 아닐뿐더러 실력이 높은 학생이 언제나 점수를 잘 받는 과목도 아니다. 다양한 상황에 유연하게 대처하고, 많은 정보량을 실수 없이 정확히 처리하는 자세도 요구된다. 따라서 국어는 실력 외적으로도 많은 대비를 해두고 시험장에 들어가야 한다.

## 🔍 국어 공부의 순서, 이렇게 따라 하라

공부에는 왕도가 없다. 이리 가든 저리 가든 탄탄한 실력만 만들 수 있다면 순서 같은 것은 큰 상관이 없다는 의미다. 하지만 갈피를 잡지 못하고 이상한 공부를 하는 학생들을 위해 내가 공부했던 방식을 대략적으로 소개하려고 한다.

고등학교 2학년 이하의 학생이라면 문학과 문법은 내신 공부를 하는 수준이면 충분하다. 문학은 대표적인 작품의 서술상 특징이나 상징적 시어 등을 공부하고, 문법은 전 범위 개념을 이해 및 암기한 뒤 관련 문제를 풀어보는 정도면 충분하다. 다만 내신 공부를 충실히 하지 않았거나, 미리 문학과 문법을 공부해서 시간을 절약하고 싶다면 수능 개념 강의 인강을 듣기를 추천한다. 처음부터 혼자 공부하는 것은 추천하지 않는다. 독서는 어차피 3학년 때 강의를 들을 테니 독해력 자체를 높이기 위해 고2 기출을 풀어보거나 난도가 높은 책들을 읽어보기를 추천한다.

문학 영역에서 혼자 공부하는 방식을 추천하지 않는 이유는 따로 있다. 수능 문학에는 평가원과의 약속이 포함되어 있기 때문이다. 문학 개념어들에 대한 평가원의 정의도 알아야 하고, 선지마다 판단하는 평가원의 기준이 존재한다는 것도 알아야 한다. 수십만 명이 보는 시험이기 때문에 자칫하면 주관적일 수 있는 문학에는 명확한 정오답의 기준이 있어야 하기 때문이다. 따라서 혼자 기출을 보면서 귀납적으로 공부하는 것보다, 수능 개념 강의를 보면서 강사가 알려주는 기준을 잘 숙지한 다음, 혼자 공부하는 것이 훨씬 효율적이다. 최소한 기본 강좌는 수강하기를 추천하고, 인강보다 독학서가 더 집중이 잘된다면 독학서로 대체해도 된다.

고등학교 3학년 겨울방학부터 6월 모의고사 전까지는 모든 파트의 목표를 ① 개념 강의 완벽 숙지, ② 기출 2회독으로 잡으면 된다. 보통 인강의 개념 강의들은 두세 달을 기준으로 나오기 때문에 3월 모의고사 전까지 개념 강좌와 기출을 병행해서 1회독, 3월 모의고사부터 6월 모의고사까지 복습하면서 개념과 기출을 2회독 하면 된다. 이때 독서와 문학은 강의를 듣는 것이 좋고, 문법은 상황에 맞게 판단하면 된다. 매체와 화작은 굳이 강의를 수강할 필요까지는 없고, 혼자 기출을 풀어보면서 어떻게 출제되는지 익히는 정도면 충분하다. 만약 겨울방학 전에 이미 문학과 문법 강좌를 수강했다면, 교재와 기출로 다시 복습하면서 다른 과목에 시간을 더 투자하면 된다.

어떤 과목이든 같은 단계에 있는 강의를 또 듣는 것은 시간 낭비이다. 예를 들어서 A강사의 개념 강의를 들었다면 B강사의 개념 강의를 또 듣지 말라는 이야기다. 그 시간에 다른 과목을 공부하는 것이 훨씬 이득이다. 다만 본인에게 부족한 점을 정확히 알고 있는 최상위권의 경우, 다른 강좌에서 필요한 부분만 발췌해서 수강하는 것은 괜찮은 전략이다.

고3 겨울방학에 듣는 개념 강의는 수능 전에 듣는 마지막 강의라는 마음으로 집중해서 들어야 한다. 나중에 또 들을 기회가 있을 것이라는 안일한 마음으로 수강하면 아무것도 남지 않는다. 하반기로 가면 생각 이상으로 할 일이 넘쳐나고 시간도 없다. 그렇기 때문에 나중에 까먹을 것 같은 내용은 수업 교재에 필기해 두어야 한다. 이때 빈 노트에다가 처음부터 끝까지 필기하는 것은 비효율적이니 추천하지 않는다. 이미 교재에 어느 정도 필기가 되어 있는 상태이니 빈 공간에 추가하는 식으로 필기하는 것이 좋다.

모든 국어 개념 강좌는 평가원 기출로 수업을 하기 때문에 본교재와 부교재를 충실히 공부하면 대부분의 중요한 기출은 다 볼 수 있다. 그러므로 기출 문제집을 따로 살 필요는 없다. 만약 학원이

나 인강에서 평가원 기출이 아닌 EBS 지문이나 교육청 지문으로 개념 강좌를 하고 있다면 빠르게 도망치면 된다.

3월 모의고사 전까지는 독서와 문학 둘 다 강의와 과제에만 집중하면 된다. 요즘 국어 인강 강사들은 규칙적인 공부를 위해서 주간지도 제공하는데, 시간이 나면 풀어봐도 좋다.

국어는 영역마다, 학생들마다 본인에게 맞는 강사가 천차만별이기 때문에 꼭 맛보기 강좌를 들어보고 본인이 직접 강사를 선택한다. 다른 사람의 추천이나 소문만으로 강사를 고르지 말자. 아래는 내가 영역별로 추천하는 강사다. 여러 강사들의 맛보기 강의나 OT를 들어보고 스스로 결정하기 바란다.

| 독서 | 문학 | 언매 | 문학 EBS 독학 교재 |
|------|------|------|----------------------|
| • 강민철 T<br>• 정석민 T | • 강민철 T | • 강민철 T<br>• 유대종 T | • 강민철 T의 '강민철의 EBS 분석'<br>• 김상훈 T의 'EBS를 부탁해' |

만약 3월 모의고사 전후로 개념 강의와 기출을 끝냈다면, 6월 모의고사까지 서두를 필요 없이 강의 내용을 복습하면서 기출을 한 번 더 살피면 된다. 이때 추천하는 방법은 기출 전체를 1세트씩 뽑아서 시간을 재면서 풀어보는 것이다. 예를 들어 오늘은 25학년도 6월 모의고사를 80분 내에 풀고, 다음 날은 25학년도 9월 모

의고사를 80분 내에 푸는 식이다. 이 방법이면 실전 연습과 기출 공부를 동시에 할 수 있다. 이미 한 번씩 본 지문이라서 쉽게 풀 수 있다고 생각할 수도 있지만, 막상 시간제한을 두고 연속해서 풀어보면 기대보다 잘 풀리지 않을 것이다. 여기서 조금 여유가 있다면 이때부터 사설 문제를 푸는 것도 괜찮지만, 그 시간에 다른 부족한 과목을 공부하는 것을 더 추천한다.

## 🔍 국어 공부의 비중

국어 실력은 절대 단기간에 늘지는 않지만, 한번 실력이 오르면(꾸준히 공부한다는 전제하에) 잘 떨어지지도 않는다. 따라서 6월 모의고사까지는 큰 비중으로 공부하다가, 그 이후로는 조금씩 줄여나가는 것이 좋다. 만약 6월 모의고사 전까지 하루 10시간씩 공부하는데, 대부분의 과목 실력이 비슷하다면 그중 4시간 정도는 국어에 투자하자. 하지만 다른 과목 실력이 국어에 비해 현저히 부족하다면 그 과목을 우선적으로 공부하는 것이 맞다. 6월 모의고사 이후에는 하루 2시간 정도로 국어 비중을 차츰 줄여나가는 동시에 탐구의 비중을 높이는 것이 이상적이다. 탐구는 국어에 비해 빠르게 성적을 올릴 수 있지만 또 빠르게 떨어질 수 있기 때문이다.

국어는 유동적으로 공부하면 된다. 독서가 부족하다면 고난도 사설이나 리트(LEET, 법학적성시험)를 공부하면 되고, 문학에서 자주 틀린다면 기출의 고난도 선지를 하나씩 해체하면서 오답 구성 원리를 다시 공부하면 된다. 개인적으로 리트 지문은 평가원 지문만큼 짜임새 있으며 깊은 추론을 요구하여 난도가 높기 때문에 기출을 잘 흡수한 중상위권 학생이라면 꼭 풀어보기를 추천한다.

개념 강의를 다 들었으면 다양한 독서 지문을 접하면서 능동적으로 생각하고, 문학 기출을 분석하면서 풀이 속도를 높이도록 하자. 인강은 원래 듣던 강사의 후속 강의를 감을 잃지 않을 정도로만 수강하면 된다. 진정한 실력은 혼자 공부하는 시간에 쌓인다. 다만 어떤 공부를 하든지 꼭 지켜야 하는 세 가지 사항이 있다.

첫째, 국어 공부 비중의 20~30%는 항상 기출을 포함해야 한다. 국어는 기출의 중요도가 가장 높은 과목이다. 아무리 기출을 완벽하게 파악한 것 같아도 기출은 마르지 않는 샘 같은 자료다. 나 역시도 고난도 독서 지문은 다시 읽을 때마다 새로운 교훈을 얻었다. 문학은 평가원의 선지를 쪼개 정오답을 판단하며 평가원의 '선'에 대한 감을 유지해야 한다.

둘째, 독서는 매일 새로운 지문으로 최소 두 지문씩은 풀도록 하자. 기출이 중요하다고 해서 기출만 푸는 학생이 있는데, 망하는 지름길이다. 우리가 실제 시험장에서 마주하는 지문들은 처음 보는 것들이다. 텍스트의 정보를 처리할 때 이미 처리한 정보와 처음 접하는 정보를 처리하는 과정은 분명히 다르다. 그렇기에 처음 접하는 정보를 처리하는 사고 과정을 소홀히 하면 감을 잃을 수밖에 없다. '감'이라는 것은 추상적인 것이 아니라 정보를 처리하는 속도다. 평소 안 하던 것을 시험장에서 갑자기 하려면 당연히 느리고 서툴 수밖에 없다. 수능 전날까지 새로운 텍스트를 계속 접해서 뇌에 자극을 주도록 하자. 만약 다른 과목 때문에 문학이나 선택 과목 공부를 못 하는 날이 생겨도 독서 지문 2개 만큼은 꼭 푸는 습관을 들이자. 그래 봤자 딱 30분이다. 문학이나 문법도 3일 연속으로 빼먹는 일은 없도록 하자.

셋째, 최소 일주일에 하나씩은 실전 모의고사를 풀자. 앞서 말했듯이 국어는 변수가 가장 많은 과목이다. 변수를 가장 많이 겪어보면서 시간 관리 연습을 할 수 있는 유일한 방법은 실전 모의고사를 푸는 것이다. 어떤 순서로, 어떤 마음가짐을 가지고 시험을 볼 것인지 시뮬레이션해 봐야 실제 수능에서 적당한 긴장감을 갖고 변수가 발생해도 대처할 수 있다. 어차피 사설 문제들을 풀 것이라면, 시간 관리도 할 수 있고 올해 EBS 연계도 반영된 실전 모의고사를 푸는 것이 이득이다. 9월 모의고사 이후로 하위권은 일주일에 1개씩만 풀고 나머지 시간은 실력을 높이는 공부를, 중상위권은 평균 1~2개, 나머지 과목까지 되어 있는 최상위권은 3개씩 푸는 것을 추천한다.

여기까지가 대략적인 국어 공부의 순서다. 국어는 하위권이나 상위권이나 공부의 순서가 크게 다르지 않다. 하위권은 6월 모의고사까지 기본 개념 강의와 기출을 끝내고, 그 이후에는 새로운 사설 및 리트 문제들을 풀면서 실전 모의고사로 넘어가는 큰 틀을 지켰으면 한다.

문학은 개념 강의 하나를 잘 필기하면서 듣고, 반복적으로 복습하면서 기출 분석을 한다면 5등급 이하라도 충분히 수능 문제를 다 맞힐 수 있다. 문학은 절대 특별한 능력을 요구하지 않으며 굉장히 객관적인 영역이다. 문학을 어려워하는 것은 많이 안 해봤거나 공부하는 방법을 몰라서 그렇다.

중위권은 앞에서 소개한 순서를 최대한 해당 시기 안에 완료하기 바란다. 해야 할 일이 밀리기 시작하면 끝도 없다. 상위권은 앞으로 따라야 할 이정표라고 생각하고, 본인의 속도를 확인하면서 필요한 공부를 적당히 취사선택해서 활용하면 된다.

# 글의 흐름을 파악해야 강약이 보인다

## 🔍 지문에서 정보의 강약을 파악하라

앞서 독서 영역의 실력을 쌓으려면 독해력을 길러야 한다고 했다. 독해력은 무엇일까? 나는 '글의 흐름을 파악하는 능력'과 '행간의 의미를 파악하는 능력', 그리고 '구분하는 능력'이라고 생각한다. 이제부터 각각의 능력이 무엇인지, 또 그 능력들을 기르려면 어떻게 공부해야 하는지 구체적으로 설명해 보겠다. 이 내용만 정확히 이해하고 기출 분석을 한다면 웬만한 독서 강의 못지않게 얻어 갈 수 있으니 집중해서 읽기를 바란다.

위의 세 가지 능력 중 가장 중요한 능력은 바로 '글의 흐름을 파악하는 능력'이다. 글의 흐름을 파악해야 주제를 정확히 이해할 수 있고, 복잡한 구간에서도 어떻게든 이해하고 넘어갈 수 있다. 어려운 지문을 읽다 보면 이해에 치중한 나머지 내가 지금 무엇에 대해 읽고 있는지 중심을 잃는 경우가 있다.

기출 지문으로 예시를 들어 설명하겠다. 22학년도 수능 독서 지문 2개를 차례로 소개할 것인데, 해당 시험의 독서 지문들은 역대 최고난도로 꼽힌다. 그중 카메라 지문으로 글의 흐름을 파악하는 능력에 대해서 자세히 설명하겠다. 만약 이 지문을 아예 처음 접하는 사람이라면 책을 잠깐 덮고 22학년도 수능 시험지를 뽑아 7분 안에 문제까지 한번 풀어보자.

> **지문** 주차하거나 좁은 길을 지날 때 운전자를 돕는 장치들이 있다. 이 중 차량 전후좌우에 장착된 카메라로 촬영한 영상을 이용하여 차량 주위 360°의 상황을 위에서 내려다본 것 같은 영상을 만들어 차 안의 모니터를 통해 운전자에게 제공하는 장치가 있다. 운전자에게 제공되는 영상이 어떻게 만들어지는지 알아보자.
>
> 먼저 차량 주위 바닥에 바둑판 모양의 격자판을 펴 놓고 카메라로 촬영한다. 이 장치에서 사용하는 광각 카메라는 큰 시야각을 갖고 있어 사각지대가 줄지만 빛이 렌즈를 지날 때 렌즈 고유의 곡률로 인해 영상이 중심부는 볼록하고 중심부에서 멀

수록 더 휘어지는 현상, 즉 렌즈에 의한 상의 왜곡이 발생한다. 이 왜곡에 영향을 주는 카메라 자체의 특징을 내부 변수라고 하며 왜곡 계수로 나타낸다. 이를 알 수 있다면 왜곡 모델을 설정하여 왜곡을 보정할 수 있다. 한편 차량에 장착된 카메라의 기울어짐 등으로 인해 발생하는 왜곡의 원인을 외부 변수라고 한다. 촬영된 영상과 실세계 격자판을 비교하면 영상에서 격자판이 회전한 각도나 격자판의 위치 변화를 통해 카메라의 기울어진 각도 등을 알 수 있으므로 왜곡을 보정할 수 있다.

왜곡 보정이 끝나면 영상의 점들에 대응하는 3차원 실세계의 점들을 추정하여 이로부터 원근 효과가 제거된 영상을 얻는 시점 변환이 필요하다. 카메라가 3차원 실세계를 2차원 영상으로 투영하면 크기가 동일한 물체라도 카메라로부터 멀리 있을수록 더 작게 나타나는데, 위에서 내려다보는 시점의 영상에서는 거리에 따른 물체의 크기 변화가 없어야 하기 때문이다.

왜곡이 보정된 영상에서의 몇 개의 점과 그에 대응하는 실세계 격자판의 점들의 위치를 알고 있다면, 영상의 모든 점들과 격자판의 점들 간의 대응 관계를 가상의 좌표계를 이용하여 기술할 수 있다. 이 대응 관계를 이용해서 영상의 점들을 격자의 모양과 격자 간의 상대적인 크기가 실세계에서와 동일하게 유지되도록 한 평면에 놓으면 2차원 영상으로 나타난다. 이때 얻은 영상이 위에서 내려다보는 시점의 영상이 된다. 이와 같은 방법으로 구한 각 방향의 영상을 합성하면 차량 주위를 위에서 내려다본 것 같은 영상이 만들어진다.

어떤가? 아마 지문의 길이를 보고 만만하게 생각하고 여겼다가 생각보다 잘 읽히지 않아서 당황했을 것이다. 이 짧은 지문이 잘 안 읽히는 이유는 문장마다 정보량이 똘똘 뭉쳐 있기 때문이다. 비슷한 난도 지문으로는 21학년도 9월 모의고사의 행정입법 지문이 있다.

이러한 지문에서는 '내가 지금 무엇에 대한 내용을 읽고 있는지'를 계속 생각하며 흐름을 놓치지 않아야 한다. 그냥 글자에 적힌 정보만 기억하고 주기적으로 흐름을 체크하지 않는다면, 정보의 강약을 조절할 수가 없다. 즉, 지문의 주제와 직결되는 핵심 흐름은 강하게 읽고, 핵심 흐름이 아닌 부분은 살짝 약하게 읽으며 강약을 조절할 줄 알아야 한다는 이야기다.

이때 약하게 읽으라는 것은 대충 읽으라는 의미가 아니라 머릿속 한편에 핵심 주제에 대한 내용과 어떻게 이어질지, 핵심 흐름은 언제 나올지를 적극적으로 예상하고 의식하면서 읽으라는 말이다. 그 예상이 맞을 필요는 전혀 없다. 예상하려는 행위 자체가 내가 지금 지문의 흐름을 고려하면서 글을 읽고 있다는 증거이고, 기억력을 강화시킨다.

이제 한 문장씩 끊어서 어떤 사고 과정을 통해 글의 흐름을 파악해야 하는지 알아보자.

주차하거나 좁은 길을 지날 때 운전자를 돕는 장치들이 있다.

➡ 이 지문은 운전을 돕는 장치에 관한 기술 지문이군.

아직은 글의 흐름이 구체화되지 않았다. 운전을 돕는 장치의 개발 과정일 수도, 작동 과정일 수도, 구조에 관한 지문일 수도 있다. 더 읽어보면서 글의 주제가 무엇인지 찾아야 한다.

이 중 차량 전후좌우에 장착된 카메라로 촬영한 영상을 이용하여 차량 주위 360°의 상황을 위에서 내려다본 것 같은 영상을 만들어 차 안의 모니터를 통해 운전자에게 제공하는 장치가 있다.

➡ 주제를 운전을 돕는 장치 중 360° 영상을 제공하는 장치에 대해서 세분화했군.

이제 그냥 장치가 아니라 360° 영상에 대한 장치라는 것은 알았지만 아직 글의 흐름은 모른다. 조금 더 읽어보자.

운전자에게 제공되는 영상이 어떻게 만들어지는지 알아보자.

➡ 이후의 흐름은 장치가 그 영상이 어떻게 만드는지에 대해서 자세히 서술하겠네.

드디어 글의 핵심 주제와 앞으로의 흐름을 예상할 수 있는 중요한 문장이 나왔다. 평가원의 글은 서두에 앞으로의 흐름을 예상할 수 있는 문장을 제공한다. 우리는 그 문장을 통해 글의 핵심 주제를 미리 파악하고 뒷부분을 읽어야 한다.

앞으로 '360° 영상을 어떻게 만드는지'를 계속 의식해야 하고, 해당 핵심 주제와 직결되는 문장은 강하게 읽어줘야 한다.

> 먼저 차량 주위 바닥에 바둑판 모양의 격자판을 펴 놓고 카메라로 촬영한다.
>
> ➡ 예상한 대로 영상의 제작 과정을 순서대로 설명하기 시작하네. 각 단계를 잘 구분하면서 읽어야겠군.

360° 영상을 만드는 과정의 시작점이기 때문에, 핵심 주제와 직결되는 흐름이 시작되는 아주 중요한 문장이다. 다른 정보는 다 까먹어도 이 문장은 머릿속에 남아 있어야 한다.

> 이 장치에서 사용하는 광각 카메라는 큰 시야각을 갖고 있어 사각지대가 줄지만 빛이 렌즈를 지날 때 렌즈 고유의 곡률로 인해 영상이 중심부는 볼록하고 중심부에서 멀수록 더 휘어지는 현상, 즉 렌즈에 의한 상의 왜곡이 발생한다.

> ➡ 장치의 광각 카메라는 사각지대는 줄지만 영상이 왜곡된다는 문제
> 가 있네?

이 지문이 글의 흐름을 의식하지 않으면 까다로운 이유가 여기에 있다. 글의 흐름이 360° 영상을 만드는 방법의 핵심을 바로 서술하는 것이 아니라 그 사이에 문제-해결 흐름을 삽입했다. 우리는 360° 영상을 만드는 방법, 즉 핵심 주제를 계속 의식하며 문제가 어떻게 해결되는지 파악해야 한다.

평가원 지문에서는 보통 문제 상황을 제시 및 설명하고, 해결하려는 흐름이 이어진다. 따라서 문제 상황이 제시된다면, '그 문제를 어떻게 해결하지?'라는 의문이 동시에 들어야 한다.

이때 당연히 360° 영상을 만드는 과정과 문제-해결 흐름을 동일한 차원의 정보로 인식하면 안 되고, 핵심 주제를 더 중점에 두고 읽어야 한다. 만약 두 가지 정보 중 어떤 것이 더 상위에 있는 정보인지 파악하지 못한다면, 일정 정보량 이상을 가진 지문을 만나면 곧바로 무너질 것이다.

> 이 왜곡에 영향을 주는 카메라 자체의 특징을 내부 변수라고 하며
> 왜곡 계수로 나타낸다.

> ➡ 왜곡 계수라는 것이 있구나. 이걸로 왜곡을 어떻게 해결하지?

　여기서 핵심 흐름은 보류해 놓고, 왜곡에 대한 해결 방안을 궁금해하며 정확하게 이해해야 한다. 바로 해결 방안을 서술해 주는 것이 아니라 '왜곡 계수'라는 새로운 개념을 제시하고 있다. 이러한 경우에는 정의한 개념을 잘 기억해 뒀다가 이를 이용해서 후술되는 내용을 이해해야 한다. 따라서 왜곡 계수가 어떻게 왜곡을 해결하는 과정에서 사용되는지를 파악하면 된다.

> 이를 알 수 있다면 왜곡 모델을 설정하여 왜곡을 보정할 수 있다.
> ➡ 아, 후행적으로 보정을 해서 문제를 해결하는구나!

　왜곡 문제를 '보정'이라는 방안을 통해서 해결한다고 서술했다. 우리가 궁금해하던 내용이다. 왜곡 계수가 무엇인지, 그것으로 어떻게 보정을 하는지 등에 관한 자세한 내용 없이 가볍게 서술했으니 우리도 가볍게 이해하고 넘어가면 된다.

한편 차량에 장착된 카메라의 기울어짐 등으로 인해 발생하는 왜곡의 원인을 외부 변수라고 한다.

➡ 렌즈에 의한 문제만 있는 게 아니라 새로운 문제가 또 있었네. 일단 아까 나왔던 내부 변수와 확실히 구분해 놓자.

그런데 여기서 핵심 흐름으로 돌아가지 않고 새로운 문제를 제시했다. 내부 변수가 아니라 외부 변수에 의한 문제도 있다고 하니 자연스레 이에 대한 해결 방안도 뒤에 서술할 것을 예상해야 한다.

'내부 변수'와 대비되는 '외부 변수'라는 개념이 제시되었다. 이처럼 서로 대비되는 항목이 서술되었을 땐 그 차이점과 공통점을 정확하게 구분해야 한다. 무조건 선지로 출제되기 때문이다.

촬영된 영상과 실세계 격자판을 비교하면 영상에서 격자판이 회전한 각도나 격자판의 위치 변화를 통해 카메라의 기울어진 각도 등을 알 수 있으므로 왜곡을 보정할 수 있다.

➡ 아까 깔아놓은 격자판으로 외부 변수의 왜곡을 보정하는구나.

역시나 두 번째 문제에 대한 해결 방안도 제시되었다.

왜곡 보정이 끝나면 영상의 점들에 대응하는 3차원 실세계의 점들을 추정하여 이로부터 원근 효과가 제거된 영상을 얻는 시점 변환이 필요하다.

➡ 이때까지는 촬영 후 생기는 문제와 해결 방법에 대한 흐름이었는데, 이제 본격적으로 360° 영상을 어떻게 만드는지에 대한 설명으로 흐름이 바뀌었네. 시점 변환이라는 단계를 거쳐야 하는구나.

'왜곡 보정이 끝나면'이라는 구절에 민감하게 반응해야 한다. 결국 내부 변수와 외부 변수에 의한 왜곡을 보정하는 과정도 360° 영상의 생성 단계 중 하나였기 때문이다. 이후 단계로 '시점 변환'을 제시했으므로, 우리는 핵심 흐름에 대한 설명을 기대해야 한다.

카메라가 3차원 실세계를 2차원 영상으로 투영하면 크기가 동일한 물체라도 카메라로부터 멀리 있을수록 더 작게 나타나는데, 위에서 내려다보는 시점의 영상에서는 거리에 따른 물체의 크기 변화가 없어야 하기 때문이다.

➡ 어라? 시점 변환도 원근 현상이라는 문제에 대한 해결 방안이었네. 아직도 360° 영상을 어떻게 만드는지 구체적인 설명이 안 나왔네.

하지만 아직까지도 필자는 핵심 주제에 대해 서술하지 않고, 그 사이에 있는 문제-해결 흐름만 세 가지를 제시했다. 마찬가지로 여기서도 핵심 흐름은 일단 보류해 놓고, 해결 방안을 정확하게 이해해야 한다.

왜곡이 보정된 영상에서의 몇 개의 점과 그에 대응하는 실세계 격자판의 점들의 위치를 알고 있다면, 영상의 모든 점들과 격자판의 점들 간의 대응 관계를 가상의 좌표계를 이용하여 기술할 수 있다. 이 대응 관계를 이용해서 영상의 점들을 격자의 모양과 격자 간의 상대적인 크기가 실세계에서와 동일하게 유지되도록 한 평면에 놓으면 2차원 영상으로 나타난다.

➡ 아! 마지막 문단에서 한 번에 해결해 주네. 격자판에 대응시켜서 2차원 영상으로 만들어서 360° 영상을 만드는 거였군.

핵심 주제에 대한 흐름이 마지막 문단에서 제시되었다. 이 내용을 만났을 때 주제에 직결되는 흐름이므로 당연히 강하게 읽어야 한다.

이때 얻은 영상이 위에서 내려다보는 시점의 영상이 된다. 이와 같은 방법으로 구한 각 방향의 영상을 합성하면 차량 주위를 위에서 내려다본 것 같은 영상이 만들어진다.

➡ 친절하게 핵심 흐름이 방금 나온 거라고 다시 서술해 주네.

이렇게 글의 전체적인 흐름을 파악하며 지문을 읽어보니 어떤

가? 이 지문처럼 핵심 흐름을 바로 서술하지 않고 뜸을 들이는 지문은 짧지만 까다롭다. 하지만 적어도 평가원 문제에 한해서는, 글의 핵심 주제와 흐름이 없는 지문은 없다. 따라서 우리는 핵심 흐름을 항상 의식하면서 정보의 강약을 조절해 가며 글을 입체적으로 읽어야 한다.

엄밀하게 얘기하자면 이 지문의 세 가지 문제-해결 흐름이 핵심 흐름이 아니라고 하기는 어렵다. 왜냐하면 왜곡을 보정하고 원근 효과를 제거하는 과정들도 360°영상을 만드는 '과정' 중에 하나이니 말이다. 하지만 그것보다 '360° 영상을 만드는 과정'을 시원하게 나열하지 않고, 중간에 문제-해결 흐름을 삽입했다는 사실이 더 중요함을 이해해야 한다.

글의 흐름을 파악하면서 읽는 사고 과정은 앞에 소개한 것처럼 연습만 한다면 정말 누구나 할 수 있다. 만약 낯설다면 이때까지 글의 핵심 주제와 흐름을 고려한 적이 없어서 그렇다.

사실 글의 흐름을 자유자재로 파악하고 뻔한 '구분'만 할 수 있으면, 대부분의 문제를 풀 수 있다. 다음으로 설명할 행간의 의미를 파악하는 것은 1등급 학생들도 잘하지 못하는 것이다. 다시 말하면, 글의 흐름만 잘 파악하고 구분만 해도 난도가 평이한 시험에서는 괜찮은 점수를 받을 수 있다는 이야기다.

# 🔍 평가원이 자주 사용하는 지문의 흐름

문제-해결처럼 자주 나오는 흐름으로 무엇이 있는지 알아보자. 그 흐름을 만났을 때 무엇에 집중해야 하는지 기출 분석을 하면서 공부해 두고, 미리 정해둔 대로 문제를 풀어나가면 된다. 아래는 평가원이 자주 사용하는 흐름과 대처 방법이다.

**문제-해결** 문제가 왜 발생하는지 정확히 이해한 후, 어떻게 해결하는지에 집중한다. 평가원이 가장 좋아하는 흐름이다.

**질문-답변** 질문에 대한 답변에 집중한다.

**개념 정의 후 설명** 설명에 앞서 필요한 개념을 정의한 후, 본격적인 설명을 시작하는 흐름이다. 정보량이 많게 느껴질 수 있다. 개념과 정의를 같은 차원의 정보로 인식하면 안 되고, 개념은 설명을 위한 정보라는 점에서 설명을 더 강하게 읽어야 한다.

**과정, 순서 나열** 나열되는 과정의 단계 간 차이점과 공통점을 구분해 놓아야 한다.

**비교/대조** 대조되는 항목들 간의 공통점과 차이점을 구분해 놓아야

한다. 차이점은 잘 구분해도 공통점은 모르는 학생이 많은데, 공통점
도 강력한 출제 포인트다.

----

**포함 관계** 상하 관계 및 예외를 떠올리며, 같은 계층의 개념들의 공
통점 및 차이점과 위아래 계층과의 공통점과 차이점을 동시에 구분
해야 한다. 또한 상위 계층에 대한 정보는 무조건 하위 계층에도 적용
된다는 점을 기억해야 한다. 가장 난도가 높은 흐름이며, 지문에 나오
면 무조건 출제되는 항목이다.

----

**설명-예시** 예시는 약하게, 설명을 강하게 읽어야 한다. 예시까지 제
시하면서 설명했다는 것은 문제에서 깊게 물어보겠다는 의미다.

----

**부정-강조** 'A가 아닌, B다'와 같은 흐름이다. B를 강조하기 위해서
A를 서술한 것이므로 B 자체도 강하게 읽어야 하지만, A가 아니라는
사실도 기억하는 것이 뒷부분 및 문제에서 매우 중요하다.

우리가 기억해야 할 점은 지문 하나당 하나의 흐름만 사용되는
것이 아니라, 몇 가지의 흐름이 조합돼서 서술된다는 점이다. 예
를 들어 위의 카메라 지문은 과정, 순서 나열 흐름 속에 문제-해
결 흐름이 있었다. 각 흐름을 마주칠 때마다 해야 할 행동을 자연
스럽게 하고 있는 자신을 발견할 때까지 연습해야 한다. 직접 기

출을 분석하면서 실제로 글에서 어떻게 흐름이 활용되는지, 또 선지에서는 어떻게 출제되는지 분석해 보자.

대부분은 틀린 문제를 오답 정리할 때 이 선지가 왜 맞고 틀렸는지 고치고 끝낸다. 평가원의 선지들은 무작위의 정보를 물어보는 것이 아니다. 전부 주어진 지문의 흐름에서 해야 하는 행동을 했는지 확인하는 것이다. 따라서 오답 정리의 대상은 '선지'가 아니라 '나의 태도'여야 한다. 오답 정리를 한답시고 선지의 참과 거짓을 판별하고 있으면 그것은 가짜 공부다. 아래는 위 지문의 몇 가지 선지다.

---

외부 변수로 인한 왜곡은 카메라 자체의 특징을 알 수 있으면 쉽게 해결할 수 있다.

➡ 외부 변수와 내부 변수를 구분해라.

차량의 전후좌우 카메라에서 촬영된 영상을 하나의 영상으로 합성한 후 왜곡을 보정한다.

➡ 과정의 각 단계를 정확히 구분해라.

위에서 내려다보는 시점의 영상에 있는 점들은 카메라 시점의 영상과는 달리 3차원 좌표로 표시된다.

➡ 지문의 핵심 주제인 과정에 대한 관심을 마지막 문단까지 잃지 말고, 정확히 이해해라.

---

이처럼 선지를 피드백할 때는 나의 태도를 중심으로 피드백해야 한다. 나는 최근 10개년 독서 기출의 선지를 전부 위와 같이 분석해 봤다. 어려운 지문은 몇 번씩 반복하면서, '이 선지를 바로 판단하기 위해서는 어떻게 지문을 읽어야 하지?'를 계속 생각해 본 것이다.

단순히 기출을 여러 번 푸는 것이 기출 분석이 아니라 이게 진짜 기출 분석이다. 이 과정을 반복하면, 지문을 읽을 때 이 부분을 선지에서 물어볼 것 같다는 느낌이 드는 경지에 도달할 수 있다.

## 🔍 행간의 의미를 정확히 파악하라

글의 흐름을 파악하고 무슨 내용에 대해서 읽고 있는지 파악할 수 있다면, 좋은 방향으로 가고 있다는 신호다. 하지만 더 높은 곳으로 가려면, 행간의 의미를 '파악'할 수 있어야 하고 '구분'할 수 있어야 한다. 특히 구분을 못 한다면 지문은 잘 읽었어도 문제는 많이 틀릴 수 있음을 인지해야 한다.

독해력이 좋은 사람의 가장 큰 특징은 행간의 의미를 쉽게 파악한다. 내가 만난 최상위권의 학생들도 이 작업은 어려워했다. 바꿔 말하면, 행간의 의미를 유연하게 판단할 수 있다면, 남들보다 훨씬 유리한 위치에서 지문을 읽을 수 있다는 뜻이다. 무엇보다 평가원은 고난도 지문에서 이 능력을 강하게 요구한다. 뒤의 두 지문들로 평가원의 이런 의지를 체감할 수 있다.

'행간'이란 글의 행과 행 사이에 있는 빈 공간을 뜻한다. 즉, 행간의 의미를 파악한다는 것은 글에 적혀 있지 않은 속뜻을 유추한다는 것이다. 아예 지문에 명시되어 있지 않은 내용을 유추해야 할 수도 있고, 다른 글자로 쓰여 있지만 같은 의미로 해석할 줄도 알아야 한다.

평가원이 친절하게 하나의 의미는 하나의 단어로만 표현하고, 지문에 적혀 있는 정보만 선지에서 물어보면 얼마나 좋겠는가. 하지만 그것은 국어 시험이 아니라 찾기 시험이다. 평가원은 여러분이 표면적인 글자뿐만 아니라 그 속에 숨겨진 정보까지 유추하기를 바란다. 특히 고난도 지문에서 이 유추를 할 수 없으면 각 문장들이 각기 다른 정보처럼 보이기 때문에 정보량을 감당할 수가 없는 지경에 이른다.

그렇다면 속뜻의 유추는 어떻게 할 수 있을까? 먼저 글의 맥락으로 숨겨진 의미를 유추할 수 있다. 예를 들어서 지문 초반에 '이 음식은 매우 상했다'라는 문장이 있고, 지문의 마지막에 '철수는 화장실을 자주 갔다'라는 문장이 있다고 해보자. 지문 어디에도 철수가 그 음식을 먹었다는 정보가 명시적으로 표시되어 있지 않지만, 해당 정보를 쉽게 유추할 수 있다.

또한 문장의 구조로도 숨겨진 의미를 유추할 수 있다. '철수는 휴가 기간에는 골프를 치지만, 시간이 없을 때는 스포츠 활동을 하지 않는다'라는 문장을 보자. 이 문장의 대응되는 구조를 통해서, '휴가 기간'은 '시간이 없을 때'의 반대, 즉 시간이 많을 때이고, '골프'가 '스포츠 활동'과 비슷한 의미임을 알 수 있다. 물론 휴가와 골프에 대한 배경지식이 있기 때문에 당연한 얘기처럼 들리겠지만 해당 어휘들이 생소한 용어로 바뀌어도 똑같은 추론을 할 수 있어야 한다.

만약 평가원이 국어의 난도를 올리고 싶다면, 어떤 방법을 활용할까? 독서에서 품격을 지키며 독해력을 시험할 수 있는 훌륭한 방법이 있다. 지문에 속뜻을 최대한 많이 숨기고, 그것을 물어보는 것이다. 흔히 고난도 지문이라고 불리는 지문들은 수험생에게 추론을 많이 요구한다.

평가원이 난도를 높이는 또 하나의 방법이 있는데, 바로 '구분'이다. 사실 이미 구분에 대해 배운 적이 있다. 앞에서 평가원이 좋아하는 흐름 조각들로 과정/순서 나열, 비교/대조, 포함 관계 등이 있다고 했다. 이 흐름들은 모두 각 항목들 간의 구분이 매우 중요하다. 기출을 보면 대놓고 차이점과 공통점을 비교하라고 대비시키는 개념도 있고, 은근슬쩍 대비되는 개념을 넣어서 선지에서 물어보는 경우도 있다. 당연히 수험생 입장에서는 후자가 출제 의도를 알아차리기 어렵고, 오답률도 높다.

다른 건 몰라도 국어에서 점수를 잘 받고 싶으면 이 구분만큼은 꼭 잘해야 한다. 왜냐하면 평가원은 구분에 대해 출제하는 것을 정말 좋아하기 때문이다. 아주 사소하더라도 지문에서 구분할 수 있는 공통점과 차이점이 나온다면 무조건 출제된다고 보면 된다. 이때, 차이점만 구분하면 안 되고 공통점까지 파악해야 한다. 실제로 차이점보다 공통점을 놓치는 경우가 더 많다.

따라서 우리는 글의 맥락과 문장의 구조를 이용해서 행간의 의미를 읽어냄과 동시에, 글에 대조되는 항목이 나오면 공통점과 차이점을 정확히 구분해야 한다. 이는 연습하면 누구나 할 수 있다. 앞서 설명한 글의 흐름까지 파악할 수 있다면, 우리가 풀지 못할 독서 문제는 없다.

## 🔍 실제 지문으로 글의 흐름 파악하기

실제 지문을 보기에 앞서, 이 지문을 고르기까지 정말 많이 고민했다는 사실을 말해두고 싶다. 이 지문은 평가원 역사상 가장 어려운 지문을 꼽으라고 하면 제일 많이 언급되는 지문 중 하나다. 그만큼 난도가 높고, 한 번 봐서는 내용을 전부 흡수하기가 어렵다. 누구나 쉽게 이해할 수 있는 지문들을 예시로 들어서 내가 전달하고 싶은 태도만 간단히 언급할까도 생각해 봤다.

그런데 국어는 수학과 달리, 지문이 어렵다고 한두 문제만 버릴 수 있는 과목이 아니다. 이 고난도 지문은 수능을 준비하는 학생이라면 언젠가는 넘어야 할 산이다. 아무리 머리로 배웠다고 해도 무수한 연습을 통해서 자신의 것으로 만드는 시간이 필요하다.

또 하나의 이유는 내가 직접 현장에서 본 지문들로 설명하는 것이 맞다고 판단했다. 실제로 보지도 않았는데 '이렇게 읽었어야지!' 하고 조언하는 것은 사후적인 해설이 될 수 있다. 개인적으로 사후적인 해설을 정말 싫어한다. 수험생 시절 강의를 들을 때도 이 강사가 사후적인 해설을 하는 것인지, 아니면 실제로 할 수 있는 풀이인지를 매우 비판적인 태도로 봤다. 꾸준히 연습하면 누구나 할 수 있는 사고 과정임을 약속한다.

그래서 오랜 고민 끝에 고난도 지문을 가져왔다. 막막하더라도 계속 따라 하려고 노력하면 자신도 모르게 실력이 크게 늘어 있을 것이다. 만약 국어 공부를 처음 시작하는 것이라면, 이 이후의 내용은 독서 기본 강의를 완강하고 다시 읽어도 좋다.

너무 겁을 준 것 같은데, 이제 실제 지문을 읽어보자. 안 풀어본 사람이 있다면 2022학년도 수능 헤겔의 변증법 지문을 15분

동안 풀어보면 된다.

(가)

정립-반정립-종합. 변증법의 논리적 구조를 일컫는 말이다. 변증법에 따라 철학적 논증을 수행한 인물로는 단연 헤겔이 거명된다. 변증법은 대등한 위상을 지니는 세 범주의 병렬이 아니라, 대립적인 두 범주가 조화로운 통일을 이루어 가는 수렴적 상향성을 구조적 특징으로 한다. 헤겔에게서 변증법은 논증의 방식임을 넘어, 논증 대상 자체의 존재 방식이기도 하다. 즉 세계의 근원적 질서인 '이념'의 내적 구조도, 이념이 시·공간적 현실로서 드러나는 방식도 변증법적이기에, 이념과 현실은 하나의 체계를 이루며, 이 두 차원의 원리를 밝히는 철학적 논증도 변증법적 체계성을 지녀야 한다.

헤겔은 미학도 철저히 변증법적으로 구성된 체계 안에서 다루고자 한다. 그에게서 미학의 대상인 예술은 종교, 철학과 마찬가지로 '절대정신'의 한 형태이다. 절대정신은 절대적 진리인 '이념'을 인식하는 인간 정신의 영역을 가리킨다. 예술·종교·철학은 절대적 진리를 동일한 내용으로 하며, 다만 인식 형식의 차이에 따라 구분된다. 절대정신의 세 형태에 각각 대응하는 형식은 직관·표상·사유 이다. '직관'은 주어진 물질적 대상을 감각적으로 지각하는 지성이고, '표상'은 물질적 대상의 유무와 무관하게 내면에서 심상을 떠올리는 지성이며, '사유'는 대상을 개념을 통해 파악하는 순수한 논리적 지성이다. 이에 세 형태는 각각 '직관하는 절대정신', '표상하는 절대정신', '사유하는 절대정신'으로 규정된다. 헤겔에 따르면 직관의 외면성과 표상의 내면성은 사유에서 종합되고, 이에 맞춰 예술의 객관성과 종교의 주관성은 철학에서 종합된다.

형식 간의 차이로 인해 내용의 인식 수준에는 중대한 차이가 발생한다. 헤겔에게서 절대정신의 내용인 절대적 진리는 본질적으로 논리적이고 이성적인 것이다. 이러한 내용을 예술은 직관하고 종교는 표상하며 철학은 사유하기에, 이 세 형태 간에는 단계적 등급이 매겨진다. 즉 예술은 초보 단계의, 종교는 성장 단계의, 철학은 완숙 단계의 절대정신이다. 이에 따라 예술-종교-철학 순의 진행에서 명실상부한 절대정신은 최고의 지성에 의거하는 것, 즉 철학뿐이며, 예술이 절대정신으로 기능할 수 있는 것은 인류의 보편적 지성이 미발달된 머나먼 과거로 한정된다.

(나)

변증법의 매력은 '종합'에 있다. 종합의 범주는 두 대립적 범주 중 하나의 일방적 승리로 끝나도 안 되고, 두 범주의 고유한 본질적 규정이 소멸되는 중화 상태로 나타나도 안 된다. 종합은 양자의 본질적 규정이 유기적 조화를 이루어 질적으로 고양된 최상의 범주가 생성됨으로써 성립하는 것이다.

헤겔이 강조한 변증법의 탁월성도 바로 이것이다. 그러기에 변증법의 원칙에 최적화된 엄밀하고도 정합적인 학문 체계를 조탁하는 것이 바로 그의 철학적 기획이 아니었던가. 그런데 그가 내놓은 성과물들은 과연 그 기획을 어떤 흠결도 없이 완수한 것으로 평가될 수 있을까? 미학에 관한 한 '그렇다'는 답변은 쉽지 않을 것이다. 지성의 형식을 직관-표상-사유 순으로 구성하고 이에 맞춰 절대정신을 예술-종교-철학 순으로 편성한 전략은 외관상으로는 변증법 모델에 따른 전형적 구성으로 보인다. 그러나 실질적 내용을 보면 직관으로부터 사유에 이르는 과정에서는 외면성이 점차 지워지고 내면성이 점증적으로 강화·완성되고 있음이, 예술로부터 철학에 이르는 과정에서는 객관성이 점차 지워지고 주관성이 점증적으로 강화·완성되고 있음이 확연히 드러날 뿐, 진정한 변증법적 종합은 이루어지지 않는다. 직관의 외면성 및 예술의 객관성의 본질은 무엇보다도 감각적 지각성인데, 이러한 핵심 요소가 그가 말하는 종합의 단계에서는 완전히 소거되고 만다.

변증법에 충실하려면 헤겔은 철학에서 성취된 완전한 주관성이 재객관화되는 단계의 절대정신을 추가했어야 할 것이다. 예술은 '철학 이후'의 자리를 차지할 수 있는 유력한 후보이다. 실제로 많은 예술 작품은 '사유'를 매개로 해서만 설명되지 않는가. 게다가 이는 누구보다도 풍부한 예술적 체험을 한 헤겔 스스로가 잘 알고 있지 않은가. 이 때문에 방법과 철학 체계 간의 이러한 불일치는 더욱 아쉬움을 준다.

2022학년도 수능 국어의 첫 번째 독서 지문이었는데, 아마 이 지문 때문에 수많은 N수생이 생겼을 것 같다. 이 수능 전까지만 해도, (가), (나)형 지문은 길이는 길지만 난도가 쉬운 편이라 먼저 빠르게 풀고 다른 지문으로 넘어간다는 전략을 짠 사람이 많았는데, 아마 당황했을 것 같다. 평가원은 예상이 아니라 대응의 대상이라는 점을 다시 한번 상기하며, 한 문장씩 살펴보자.

(가)

정립-반정립-종합. 변증법의 논리적 구조를 일컫는 말이다. 변증법에 따라 철학적 논증을 수행한 인물로는 단연 헤겔이 거명된다.

➡ 헤겔의 변증법에 대한 지문이군. 시작부터 변증법의 구조를 줬으니 중요한 부분이다.

변증법은 대등한 위상을 지니는 세 범주의 병렬이 아니라, 대립적인 두 범주가 조화로운 통일을 이루어 가는 수렴적 상향성을 구조적 특징으로 한다. 헤겔에게서 변증법은 논증의 방식임을 넘어, 논증 대상 자체의 존재 방식이기도 하다.

➡ 변증법의 특징을 설명하네. 헤겔한테 변증법은 되게 중요한 거였구나

헤겔의 변증법에 관한 지문인 것은 알겠지만, 아직까지 글의 흐름은 예상할 수 없다. 하지만 변증법에 관한 내용이 핵심 주제임은

확실하므로, 이 부분은 강하게 읽어야 한다. 특히 '정립-반정립-종합'이라는 구조는 아마 뒤에서 계속 활용될 것이고, 세 범주가 대등한 위치가 아니라는 점도 꼭 기억해야 한다. '~가 아니라'라고 굳이 언급하는 것은 뒷구절을 강조하기 위해서 필자가 일부러 적은 것임을 인지해야 한다. 앞서 살펴본 부정-강조 흐름 조각이다.

즉 세계의 근원적 질서인 '이념'의 내적 구조도, 이념이 시ㆍ공간적 현실로서 드러나는 방식도 변증법적이기에, 이념과 현실은 하나의 체계를 이루며, 이 두 차원의 원리를 밝히는 철학적 논증도 변증법적 체계성을 지녀야 한다.

➡ 철학이 변증법적 체계성을 따라야 한다고 하네. 평가원은 보통 한 문단의 마지막 내용을 확장시키는 흐름을 보이니까 뒤의 내용은 철학에 변증법이 적용되는 양상을 말하지 않을까?

이제 글의 흐름을 어느 정도 예상할 수 있겠다. 철학적 논증과 변증법의 관계가 글의 핵심 흐름이 되리라고 예상하는 것이 일반적이다. 이때, '이념'과 '현실'이라는 대비되는 개념이 제시되었으므로 정확하게 공통점과 차이점을 구분해야 한다. '이념과 현실은 하나의 체계를 이룬다'는 공통점도 핵심 주제에 직결되는 정보이기 때문에 짚고 넘어가야 한다.

헤겔은 미학도 철저히 변증법적으로 구성된 체계 안에서 다루고자 한다. 그에게서 미학의 대상인 예술은 종교, 철학과 마찬 가지로 '절대정신'의 한 형태이다.

➡ 앗, 내 예상이 틀렸네. 이 지문의 흐름은 미학에 변증법을 적용하는 흐름으로 넘어갔네.

하지만 두 번째 문단 시작과 함께 예상이 틀렸다는 것을 알 수 있다. 지문의 흐름이 철학이 아니라 갑자기 미학으로 흘러갔다. 조금 당황스럽지만, 미학과 철학이 어떤 관계성이 있을 수도 있다는 생각하에 미학과 변증법의 관계에 집중하면 된다.

절대정신은 절대적 진리인 '이념'을 인식하는 인간 정신의 영역을 가리킨다.

➡ 절대정신을 정의해 줬네. 근데 이게 변증법과 무슨 상관이지? 분명히 흐름상 예술에 변증법을 적용해야 하는데….

여기서는 핵심 주제를 바로 설명하기에 앞서, 설명에 필요한 기본적인 개념들을 설명하고 있다. 개념 정의 후 설명 흐름이다. 예술과 변증법의 관계라는 핵심 주제는 머릿속 한편에 남겨둔 채 기본 개념들을 먼저 이해해야 한다. 첫 문단에서 구분한 이념과 현실 중 이념에 대해서 자세하게 서술하고 싶은 것 같다.

예술 · 종교 · 철학은 절대적 진리를 동일한 내용으로 하며, 다만 인식 형식의 차이에 따라 구분된다.

➡ 아, 이제서야 1문단의 흐름이 연결되네. 갑자기 흐름이 미학으로 넘어온 게 좀 낯설었어. 결국 글쓴이는 처음부터 미학, 철학에다가 종교까지 합쳐서 변증법을 적용하고 싶었던 거야. 근데 인식 형식에 어떤 차이가 있길래 구분되지? 흐름상 여기서 서술해줘야 하는데….

이 지문에서 가장 중요하고 강하게 읽혀야 하는 문장이다. 왜 1문단에서 철학을 핵심 주제처럼 적었다가 예술로 넘어온 것인지 알 수 있는 대목이기 때문이다. 필자는 처음부터 예술, 종교, 철학과 변증법의 관계를 글의 핵심 흐름으로 적고 싶었던 것이다. 지금부터는 예술, 종교, 철학과 변증법의 관계를 핵심 주제로 염두에 두고 나머지 지문을 읽어야 한다.

이때, 1문단에서 읽은 변증법의 정립-반정립-종합 구조와 예술, 종교, 철학의 형식이 비슷하다는 느낌을 받았으면, 독해력이 아주 좋은 것이다. 아직은 눈치 못 채도 괜찮다. 뒤에서 더 자세하게 서술해 준다.

여기서 매우 중요한 예술, 종교, 철학이라는 세 가지 구분되는 항목들의 공통점과 차이점을 서술했다. 절대적 진리가 공통점이고, 인식 형식이 차이점이다. 핵심 주제와 직결되면서, 구분되는 항목의 공통점과 차이점까지 서술해 줬으니 무조건 문제로 출제될 수밖에 없겠다.

> 절대정신의 세 형태에 각각 대응하는 형식은 직관·표상·사유다. '직관'은 주어진 물질적 대상을 감각적으로 지각하는 지성이고, '표상'은 물질적 대상의 유무와 무관하게 내면에서 심상을 떠올리는 지성이며, '사유'는 대상을 개념을 통해 파악하는 순수한 논리적 지성이다.
>
> ➡ 절대정신의 형식이 이런 차이를 갖고 3개로 나뉘는구나. 흐름상 각각 예술, 종교, 철학에 대응되겠네. 근데 아직도 변증법이 이 예술, 종교, 철학과 어떻게 연결되는지 안 알려줬네. 정립-반정립-종합의 구조가 나와야 하는데….

예술, 종교, 철학은 각각 '인식 형식'에 차이가 있는데, 그 차이점을 구체화했다. 구분되는 항목 간의 차이점을 강조한 것이기에, 출제 확률이 더욱 높아졌다. 하지만 아직까지는 예술, 종교, 철학이 변증법과 무슨 관계인지 핵심 주제를 명확하게 서술하지 않았고, 그 전에 필요한 개념들을 설명하고 있는 흐름임을 인지하면서 읽어야 한다.

이에 세 형태는 각각 '직관하는 절대정신', '표상하는 절대정신', '사유하는 절대정신'으로 규정된다.

➡ 뭐 당연한 얘기를 또 하네.

이쯤 되면 세 가지 항목을 계속 반복해서 서술한다는 점에서, 정립-반정립-종합이 예술-종교-철학, 직관-표상-사유와 어떤 관계가 있을 것이라고 유추할 수 있다.

헤겔에 따르면 직관의 외면성과 표상의 내면성은 사유에서 종합되고, 이에 맞춰 예술의 객관성과 종교의 주관성은 철학에서 종합된다.

➡ 종합? 1문단에서 강하게 읽었던 변증법의 구조인데? 그럼 예술, 종교, 철학이 순서대로 정립-반정립-종합이었던 거야? 그래서 계속 예술, 종교, 철학 얘기만 했던 거고? 드디어 핵심 흐름의 매듭을 짓고 있구나.

여기서 그동안 생겼던 궁금증이 한 번에 해소되어야 하고, 매우 반가운 감정이 들어야 한다. 앞서 의심했던 대로 직관(외면성)-표상(내면성)-사유와, 예술(객관성)-종교(주관성)-철학이 곧 변증법의 정립-반정립-종합 구조를 그대로 가지는 것이었다.

만약 앞에서 예상하지 못했더라도, 예술, 종교, 철학과 변증법의 관계라는 핵심 흐름을 계속 인지하고 있었으면 이 문장으로 그 결론을 얻을 수 있다.

> 형식 간의 차이로 인해 내용의 인식 수준에는 중대한 차이가 발생한다.

위에서 언급한 예술, 종교, 철학의 차이점을 세 번째 다시 서술했다. 이쯤 되면 해당 차이점의 구분을 틀리면 바보일 것 같다.

> 헤겔에게서 절대정신의 내용인 절대적 진리는 본질적으로 논리적이고 이성적인 것이다. 이러한 내용을 예술은 직관하고 종교는 표상하며 철학은 사유하기에, 이 세 형태 간에는 단계적 등급이 매겨진다.
>
> ➡ 예술, 종교, 철학의 공통점인 절대적 진리를 또 한 번 서술했다. 세 항목의 공통점과 차이점을 문제에서 안 물어보면 이제 좀 서운할 것 같다.

1문단에서 뿌렸던 떡밥이 여기에서 다시 한번 회수된다. 1문단에서 세 범주는 대등한 병렬 구조가 아니라 '수렴적 상향성'을 가진다고 한다. 무슨 뜻인지 이해는 안 돼도 '단계적 등급'이라면 대등한 위상은 아니라는 것은 알 수 있다.

즉 예술은 초보 단계의, 종교는 성장 단계의, 철학은 완숙 단계의 절대정신이다. 이에 따라 예술-종교-철학 순의 진행에서 명실상부한 절대정신은 최고의 지성에 의거하는 것, 즉 철학뿐이며, 예술이 절대정신으로 기능할 수 있는 것은 인류의 보편적 지성이 미발달된 머나먼 과거로 한정된다.

➡ 아, 이제 확실하네…. 예술-종교-철학 순서대로 정립-반정립-종합에 대응되는 거고, 결론은 철학이 최고라는 거네!

여기서 수렴적 상향성의 뜻이 이해되면 좋다. 마지막 단계인 철학에서 종합되기 때문에 '수렴'이고 뒤로 갈수록 높은 단계의 지성이기 때문에 '상향성'인 것이다. 물론 시험장에서는 이렇게까지 이해가 안 됐어도 문제를 푸는 데에는 전혀 지장이 없다.

이 지문은 겉보기에는 어려워 보여도 결국 같은 이야기를 두 번, 세 번씩 하고 있는 것이다. 따라서 행간의 의미를 잘 파악한 사람은 두 번째 문단 중반부터는 거의 새로운 정보량 없이 '음, 당연하지' 하면서 지문을 마무리할 수 있다.

(나) 지문으로 넘어가기 전에, (가) 지문의 흐름을 한 번 더 복기하고 넘어가는 것이 좋다. 1문단에서 변증법은 정립-반정립-종합의 구조를 갖고, 절대정신(공통점)은 형식의 차이(차이점) 때문에 예술-종교-철학으로 나뉘는데, 이것은 변증법에 그대로 대응되는 흐름이다. 그중 철학이 최고의 지성이라고 한다.

(가) 지문의 속뜻은 이게 끝이다.

> (나) 변증법의 매력은 '종합'에 있다. 종합의 범주는 두 대립적 범주 중 하나의 일방적 승리로 끝나도 안 되고, 두 범주의 고유한 본질적 규정이 소멸되는 중화 상태로 나타나도 안 된다. 종합은 양자의 본질적 규정이 유기적 조화를 이루어 질적으로 고양된 최상의 범주가 생성됨으로써 성립하는 것이다.
>
> ➡ 정립과 반정립은 하나가 이기면 안 되고 잘 조화되어야 하네.

(나) 지문을 읽을 때는 (가) 지문의 내용을 적극적으로 연결하면서 읽어야 한다. '종합의 두 대립적 범주'는 당연히 정립, 반정립과 연결되고, '질적으로 고양된 최상의 범주'는 종합, 즉 최고의 지성인 '철학'과 연결될 것이다. 지문에서 명확히 언급하지 않았더라도 앞서 서술된 내용과 연결 지어서 읽을 수 있도록 계속해서 연습해야 한다.

다만 아직 (나) 지문의 흐름은 예상할 수 없다. 하지만 정립과 반정립의 본질적 규정이 소멸되면 안 된다는 내용은 핵심 흐름과 직결될 가능성이 높으므로 강하게 읽어둔다.

헤겔이 강조한 변증법의 탁월성도 바로 이것이다. 그러기에 변증법의 원칙에 최적화된 엄밀하고도 정합적인 학문 체계를 조탁하는 것이 바로 그의 철학적 기획이 아니었던가.

➡ (가) 지문의 핵심 흐름을 정리해 주고 있네. 당연한 얘기네.

그런데 그가 내놓은 성과물들은 과연 그 기획을 어떤 흠결도 없이 완수한 것으로 평가될 수 있을까? 미학에 관한 한 '그렇다'는 답변은 쉽지 않을 것이다.

➡ 어? (가) 지문의 핵심 흐름에 뭔가 문제가 있나? 왜 미학에 관해서 흠결이 없다고 평가할 수가 없는 것이지?

문제 상황을 제시하면서 (나) 지문의 핵심 흐름을 결정짓는 문장이다. (나) 지문은 왜 미학에 변증법을 적용하는 데 문제가 있는지, 또 그 해결법은 무엇인지에 초점을 맞춰야겠다. 문제-해결 흐름은 앞에서도 본 흐름이다.

지성의 형식을 직관-표상-사유 순으로 구성하고 이에 맞춰 절대 정신을 예술-종교-철학 순으로 편성한 전략은 외관상으로는 변증법 모델에 따른 전형적 구성으로 보인다.

➡ 그치. (가) 지문에서 실컷 설명했잖아. 뭐가 잘못된 것일까?

> 그러나 실질적 내용을 보면 직관으로부터 사유에 이르는 과정에서
> 는 외면성이 점차 지워지고 내면성이 점증적으로 강화·완성되고
> 있음이, 예술로부터 철학에 이르는 과정에서는 객관성이 점차 지
> 워지고 주관성이 점증적으로 강화·완성되고 있음이 확연히 드러
> 날 뿐, 진정한 변증법적 종합은 이루어지지 않는다.
>
> ➡ 왜 변증법적 종합이 이루어지지 않지? 아, 내면성과 객관성이 점차
>    지워진다는 게 본질이 소멸된다는 의미구나.

(나) 지문의 핵심 흐름인 문제 상황을 서술해 주는 문장이므로,
매우 강하게 읽어야 한다. '객관성이 점차 지워지고'라는 구절은
1문단의 '두 범주의 고유한 본질적 규정이 소멸되는 상태로 나타
나도 안 된다'라는 구절과 연결할 수 있어야 한다. 둘 다 핵심 흐
름에 직결되는 정보이기 때문이다.

> 직관의 외면성 및 예술의 객관성의 본질은 무엇보다도 감각적 지
> 각성인데, 이러한 핵심 요소가 그가 말하는 종합의 단계에서는 완
> 전히 소거되고 만다.
>
> ➡ 역시 그렇네. 예술(직관)의 본질이 완전히 소거가 되네. 1문단에 의
>    하면 종합이 아니겠다.

나는 이 문장이야말로 국어의 본질을 담고 있는 문장이라고 감
히 말하고 싶다. 1문단에서 종합의 범주는 '고유한 본질적 규정이

소멸되는 중화 상태'로 나타나면 안 된다고 했다. 그리고 이 문장에서는 예술의 객관성의 본질인 감각적 지각성이 '완전히 소거'된다고 한다. 필자는 더 이상 문제 상황에 대해서 서술하지 않는다. 이제부터는 푸는 사람이 스스로 유추해야 한다는 뜻이다.

> 변증법에 충실하려면 헤겔은 철학에서 성취된 완전한 주관성이 재객관화되는 단계의 절대정신을 추가했어야 할 것이다. 예술은 '철학 이후'의 자리를 차지할 수 있는 유력한 후보이다. 실제로 많은 예술 작품은 '사유'를 매개로 해서만 설명되지 않는가. 게다가 이는 누구보다도 풍부한 예술적 체험을 한 헤겔 스스로가 잘 알고 있지 않은가. 이 때문에 방법과 철학 체계 간의 이러한 불일치는 더욱 아쉬움을 준다.
>
> ➡ 예술을 '정립'의 단계가 아니라 철학 이후의 단계에 놓아야 한다는 해결책을 제시하네. (나)의 서술자는 예술이 철학보다 밑에 있는 관계를 아쉽게 보기 때문에 문제를 제기했구나.

여기에서도 역시나 문제에 대한 해결책을 제시한다. '철학에 성취된 완전한 주관성'은 좋은 것처럼 써놨지만 예술의 본질인 객관성이 사라진 상태를 뜻하기 때문에 나쁜 것으로 인식해야 한다. 글자 자체를 보는 것이 아니라 그 의미를 봐야 하는 이유다. 없어진 객관성을 추가하기 위해 재객관화하는 단계로 예술을 철학 이후에 놓아야 한다는 해결 방안을 제시하면서 지문을 마무리한다.

(나) 지문의 2문단 끝부분은 앞에 언급해 둔 내용도 짚고 넘어가며 핵심 흐름이 종결되는 아름다운 문장이다.

고난도 지문일수록 서술자는 친절하지 않다는 점을 인정해야 한다. 왜 변증법이 미학에 한해서는 적용되지 못하는지(핵심 주제)에 대해서 조목조목 설명해 주지 않는 대신, 1문단에서 종합이 성립되지 않는 경우를 넌지시 알려준 뒤 그 행간의 의미를 독자가 능동적으로 유추하도록 이끈다.

따라서 고난도 지문을 만났을 때 서술자가 친절하게 설명해 주지 않아도 앞 문단의 정보를 능동적으로 끌고 와서 연결하고, 핵심 주제를 이해해야 한다. 이것이 독해력이고, 국어 공부의 본질이다. 이 작업을 자유자재로 하기 위해서는 앞서 말한 세 가지 능력이 모두 필요하다.

더 나아가 예술-종교-철학 및 직관-표상-사유의 공통점과 차이점만 정확히 구분했다면, 이 지문에서 틀릴 문제는 없다. 결국 독서는 지문의 흐름을 끌고 가면서, 구분해야 하는 항목들을 구분하고, 가끔 필자가 유인하는 '해야 하는 생각'을 하는 것 그 이상도 이하도 아니다.

여기까지의 설명이 이해되고 어떤 공부가 의미 있는 공부인지 알았다면 적어도 독서 공부의 방향성은 옳게 잡은 것이다.

몇 가지 선지만 같이 보면서 마무리하자.

예술·종교·철학 간에는 인식 내용의 동일성과 인식 형식의 상이성이 존재한다.

➡ 예술-종교-철학 간의 공통점과 차이점을 물어본다.

. . . . . . . . . . . . . . . . . . . . . . . . . . . . . . . . . . . . . . . . . . . . . . . . . .

세계의 근원적 질서와 시·공간적 현실은 하나의 변증법적 체계를 이룬다.

➡ 이념과 현실의 공통점을 물어본다. 차이점뿐 아니라 공통점도 주요 출제 항목임을 잊지 말자.

. . . . . . . . . . . . . . . . . . . . . . . . . . . . . . . . . . . . . . . . . . . . . . . . . .

절대정신의 세 가지 형태는 지성의 세 가지 형식이 인식하는 대상이다.

➡ 예술-종교-철학의 공통점을 교묘하게 이용해 거짓인 선지를 만들었다. 세 가지 형식이 인식하는 대상은 절대정신으로 똑같다. 요즘 평가원은 차이점은 구분이 잘되니까 공통점으로 거짓 선지 만들기를 더 좋아한다.

. . . . . . . . . . . . . . . . . . . . . . . . . . . . . . . . . . . . . . . . . . . . . . . . . .

예술의 새로운 개념을 설정하는 것은 사유를 통해, 이를 바탕으로 새로운 감각을 일깨우는 작품의 창작을 기획하는 것은 직관을 통해 이루어지겠군.

➡ 직관-표상-종합의 구분에 관한 선지다. 차이점만 잘 구분해 놨으면 창작을 기획하는 것이 직관과 관련 없다는 것을 바로 알 수 있다.

지문에서 항목들의 공통점과 차이점을 매우 강조한 만큼, 선지 역시 구분에 초점을 둬서 출제되었다. 이제 독서 지문을 어떻게 읽고 구분해야 하는지 감이 좀 잡히는가?

# 문학과 비문학의 개념어와 특징

## 🔍 상위권이든 하위권이든 문학은 다 맞혀라

매년 국어 시험의 난도를 따질 때면 대부분 가장 어려웠던 독서 지문을 언급한다. 19학년도 수능에서는 만유인력 지문이나 가능세계 지문이, 22학년도 수능에서는 변증법이나 브레턴우즈 지문이 화제에 올랐다. 이런 고난도 독서 지문들은 깊은 사고 과정을 요구하기 때문에 그해 수능 국어 난도의 척도로 언급되는 것이 당연해 보인다.

하지만 우리가 간과하는 사실이 있다. 독서와 문학의 배점이 동일하다는 것이다. 머리를 싸매며 푼 변증법 지문의 〈보기〉 문제를 맞혀도, 현대시에서 한 문제 틀리면 의미가 없다는 것이다.

그래서 우리는 일단 문학만큼은 다 맞히는 실력을 만들어야 한다. 이 전략은 상위권과 하위권 모두에게 적용된다. 상위권이라면 독서를 깊게 공부하기 위해서 문학을 먼저 잡아놓아야 하고, 하위권은 상대적으로 점수를 올리기 쉬운 문학에서 먼저 점수를 확보해 놓아야 한다. 하나 좋은 소식이 있다면, 문학은 독서와 달리 생각의 깊이가 훨씬 얕다. 정확히 말하면, 깊으면 안 된다.

많은 사람이 문학은 주관적이고 추상적인 과목이라고 생각한다. 어떤 경우에는, 암기가 필요한 과목이라고 생각한다. 하지만 나는 그렇게 생각하지 않는다. 문학은 어떻게 보면 독서보다 더 객관적인 영역이고, 어느 정도의 판단력만 있으면 누구나 다 맞힐 수 있는 영역이다.

대부분 문학을 주관적이라고 느끼는 이유는 해석이 열려 있는 작품을 대상으로 문제가 출제되기 때문이다. 문학 작품에는 정해진 해석이나 정서가 없으며, 사람마다 드는 생각과 감정이 다르기 때문에 더욱 그렇다. 하지만 반대로 이 점 때문에 문학이 쉬운 거라고 받아들여야 한다.

평가원은 수십만 명의 수험생, 그 시험지를 접하게 될 전문가를 포함한 전 국민이 납득할 수 있고 이의를 제기할 수 없는 문제를 출제해야 한다. 해석과 느껴지는 감정이 다른 사람들 사이에서 동의할 수 있는 영역만이 출제되는 것이다.

즉 문학 선지를 판단할 때는 '내가 맞다고 느끼는 선지', '내가 틀리다고 느끼는 선지'로 판단하는 것이 아니다. 참인 선지는 '어떤 누군가는 맞다고 할 수 있는 선지', 거짓인 선지는 '그 누구도 맞다고 할 수 없는 선지'를 기준으로 판단하는 것이다. 내 기준에서는 아무리 봐도 틀린 선지인데, 누군가는 맞다고 할 수도 있는 선지라면, 그 선지는 평가원의 기준에서 참인 선지다.

따라서 참인 선지를 골라낼 때는 '허용 가능하다'라는 너그러운 마음가짐이 필요하다. 인간에게는 자아가 있기 때문에 처음 선지를 판단할 때 자신의 기준과 정서를 먼저 들이댄다. 하지만 이는 수능 문학의 출제 원리를 제대로 이해하지 못한 것이다. 수능에서는 1%의 사람이 참이라고 생각할 여지가 있다면 그 선지를 참이라고 간주해야 한다.

## 🔍 선지의 정오답을 빠르게 판단하는 방법

나는 참인 선지인지 아닌지 헷갈릴 때면 '옆집 철수는 맞다고 할 수 있겠다'를 기준으로 판단했다. 원래 문학은 자신의 생각과 감정에 집중하는 학문이지만, 시험의 특성상 이 부분은 어쩔 수 없다. 그렇다면, 옆집 철수부터 국문학과 교수까지 모두 거짓이라고 인정할 수 있는 선지는 도대체 어떻게 만들 수 있는 걸까? 그 방법에는 두 가지가 있다.

첫째, 객관적 사실에 어긋나는 선지를 만드는 것이다. 여기서 객관적 사실이란 작품에 명시적으로 적힌 사실만을 말한다. 사실을 잘못 말하는 것은 누가 봐도 거짓이기 때문이다.

예를 들어 작품에서 '지나가다가 산 위의 돌을 봤다'라고 했는데, '화자는 산 위에서 자연을 즐기고 있다'라는 선지는 거짓 선지인 것이다. 왜냐하면 산 위에는 돌이 있는 것이고 화자는 지나가는 중이었는데, 화자가 산 위에 있다고 어긋나게 말했기 때문이다. 치사하다고 생각하는가? 아마 문학 기출을 쭉 분석하다 보면 평가원이 생각보다 치사하다는 생각이 들 것이다.

한 가지 다행스러운 점은, 문학에서는 추론을 시킬 수 없다는 점이다. 독서에서 추론의 예시로 든 '이 음식은 매우 상했다'라는 문장과 '철수는 화장실을 자주 갔다'라는 문장이 소설에 똑같이 쓰여 있다고 해보자. 이 문장들을 보고 철수가 음식을 먹었다는 것을 확실하게 참이라고 말할 수 있을까? 우리는 참이라고도, 거짓이라고도 판단할 수 없다.

만약 수능 전날에 이 소설가가 철수는 손을 씻기 위해 화장실을 자주 간 것이라는 내용의 후속편을 출간하면 어떡할 것인가? 예시가 조금 유치하긴 하지만, 핵심은 문학에서는 명시적인 사실

만을 참으로 간주하면 된다는 것이다.

둘째, 정서를 아예 반대로 제시해서 틀린 선지를 만든다. 문학에서 정서란 분위기, 감정, 생각, 심리, 기분, 정취, 내면 등 주관적인 것을 모두 포괄한다고 생각하면 된다. 넓게 보면 화자나 인물의 의지, 의도, 신념까지 포함한다고 봐도 된다.

문학을 주관적인 영역이라고 착각하는 것은 이 정서를 계속 자신의 기준에 맞춰서 판단하기 때문이다. 앞서 말했듯이, 이 정서는 사람마다 다를 수 있기 때문에 단 몇 명이라도 작품을 읽으며 그 정서를 느낀다면 참인 정서다. 따라서 평가원이 정서로 거짓 선지를 만들기 위해서는 긍정과 부정, 희망과 절망, 지향과 지양 등 아예 반대의 정서를 제시해야 한다. 그마저도 혹여나 다른 방향으로 생각하는 사람이 있을까 〈보기〉로 정서의 방향성을 정한다.

즉 문학 선지에서 정서를 판단할 때는 〈보기〉의 정서를 가진 사람의 관점에서, '허용 가능하다'라는 마음으로 판단하다가 완전히 반대되는 정서가 나왔을 때만 거짓이라고 판단하면 된다.

친한 친구가 죽는 장면의 소설이 지문으로 출제되었다고 해보자. 누가 보아도 이 인물의 정서는 부정적일 것이다. 그렇기에 선지에서 이 장면을 슬픔, 분노, 절망, 후회 등의 허용 가능한 부정적인 감정으로 묘사한다면, 그 선지는 정서를 근거로 거짓인 선지가 될 수 없다. 선지에서 이 장면을 '분노'라 표현했는데, '음,

나는 분노가 아니라 슬퍼서 무기력했을 것 같은데?'와 같은 생각으로 해당 선지를 거짓으로 판단해서는 안 된다는 말이다.

한마디로 정서는 고무줄과 같다고 생각하면 된다. 방향성만 맞는다면 어느 정도 과장되거나 생소한 어휘로 포장되어도 허용이 가능하다. 하지만 방향성이 완전히 반대이거나, 허용이 불가능할 정도로 고무줄이 늘어지면 끊어지고 만다. 이때 완전히 판단의 고무줄이 끊어지는 지점은 다섯 살 어린이가 동의할 수 있을 정도로 명확한 지점이다.

누군가는 '반대인 정서이면 당연히 거짓인 선지라고 판단하겠지'라 생각할 수 있지만, 평가원은 생각보다 더 교묘하게 포장을 잘해서 수험생을 헷갈리게 한다. 우리는 평가원의 포장지를 벗기고, 그 속에 있는 정서가 허용 가능한지, 아니면 아예 반대인지만 판단하면 된다.

이처럼 문학 선지를 판단할 때는 사실과 정서로 선지를 정확히 나눈 다음, 각 부분을 서로 다른 잣대로 판단해야 한다. 사실에 해당하는 선지는 아주 엄밀하고 객관적으로 판단하고, 정서에 해당하는 선지는 너그럽게 판단해야 한다.

하지만 문학을 어려워하는 학생들은 이와 정확히 반대로 판단한다. 사실적인 부분은 '맞겠지'라는 생각으로 대충 점검하고, 정서적인 부분은 본인의 주관을 듬뿍 담아 혼자만의 논리를 펼친다.

또는 하나의 잣대로 사실과 정서 두 가지를 동시에 판단하는 경우도 있다. 둘 다 꼼꼼하게 보거나, 둘 다 허용 가능하다는 마음으로 본다. 서로 다른 잣대로 판단해야 하는 항목을 하나의 기준으로 판단하니 당연히 시간도 오래 걸리고 정답률도 낮다.

실제 문제를 다루기에 앞서, 먼저 선지를 사실과 정서 두 부분으로 나누는 연습부터 해보자. 아래는 평가원 문학 선지들이다. 엄밀하게 체크해야 하는 사실 부분에만 괄호를 쳐보자.

1. 서경태가 입직군을 동원해 아귀와 맞서고 원수가 계교를 마련해 아귀를 상대하는 데서, 압도적 무력을 지닌 적대자에 대응하는 양상이 서로 다름을 알 수 있군.

2. 한세충이 황상의 한을 씻고자 아귀에게 대항하고 승상이 황상의 불행에 슬퍼하며 상경하는 데서, 인물들이 충군의 가치를 지키고 있음을 알 수 있군.

3. 원이 아귀의 머리를 상하게 한 것과 아귀가 남두성인 원에게 원한을 갚겠다고 다짐하는 데서, 주인공과 적대자의 대결이 피할 수 없는 것임을 알 수 있군.

4. 공주가 황상에게는 국운의 불행으로 잃은 대상이지만 원수에게는 약속대로 아귀를 잠들게 하는 인물인 데서, 여성 인물이 사건의 피해자이자 해결을 돕는 존재임을 알 수 있군.

. . . . . . . . . . . . . . . . . . . . . . . . . . . . . . . . . . . . . . . . . . . . .

5. 일세에 무쌍한 무예를 갖춘 원수가 아귀의 비수로 기둥을 베어보는 데서, 주인공이 적대자를 처치하기 위해 자신의 계획대로 초월적 능력을 시험하고 있음을 알 수 있군.

. . . . . . . . . . . . . . . . . . . . . . . . . . . . . . . . . . . . . . . . . . . . .

6. '흰 벽'에 나뭇가지가 그림자로 나타나는 것은, 천년을 쇠락해 온 인간의 역사가 자연의 힘을 탐색하는 과정에서 자연의 모습에 영향을 미친 결과를 보여주는군.

. . . . . . . . . . . . . . . . . . . . . . . . . . . . . . . . . . . . . . . . . . . . .

7. '두리기둥'의 틈에 볕과 바람이 쓰라리게 스며드는 것을 서럽지 않다고 한 것은, 쇠락해 가는 인간의 역사가 자연이 가진 변화의 힘을 수용함을 드러내는군.

. . . . . . . . . . . . . . . . . . . . . . . . . . . . . . . . . . . . . . . . . . . . .

8. '기왓장마다' 이끼와 세월이 덮여감에도 멀리 있는 바람 소리에 귀를 기울이는 것은, 자연의 영향을 받으면서도 자연이 가진 변화의 힘에서 생성의 가능성을 찾는 모습이겠군.

. . . . . . . . . . . . . . . . . . . . . . . . . . . . . . . . . . . . . . . . . . . . .

9. '주춧돌 놓인 자리'에 봄이면 푸른 싹이 돋고 나무가 자라는 것은, 생성의 기반을 잃지 않은 인간의 역사가 자연과 어우러져 생성의 힘을 수용하는 모습이겠군.

10. '닫혀진 문'이 별들이 돌아오고 낡은 처마 끝에 빛이 쏟아지는 새벽에 열리는 것은, 순환하는 자연 속에서 인간의 역사를 다시 생성할 가능성이 나타남을 보여 주는군.


다 표시해 보았는가? 아래는 정답이다.


1. (서경태가 입직군을 동원해 아귀와 맞서고 원수가 계교를 마련해 아귀를 상대하는 데서), 압도적 무력을 지닌 적대자에 대응하는 양상이 서로 다름을 알 수 있군.

. . . . . . . . . . . . . . . . . . . . . . . . . . . . . . . . . . . . . . . . . . . . . . . . . . . .

2. (한세충이 황상의 한을 씻고자 아귀에게 대항하고 승상이 황상의 불행에) 슬퍼하며 (상경하는 데서), 인물들이 충군의 가치를 지키고 있음을 알 수 있군.

. . . . . . . . . . . . . . . . . . . . . . . . . . . . . . . . . . . . . . . . . . . . . . . . . . . .

3. (원이 아귀의 머리를 상하게 한 것과 아귀가 남두성인 원에게 원한을 갚겠다고 다짐하는 데서), 주인공과 적대자의 대결이 피할 수 없는 것임을 알 수 있군.

. . . . . . . . . . . . . . . . . . . . . . . . . . . . . . . . . . . . . . . . . . . . . . . . . . . .

4. (공주가 황상에게는 국운의 불행으로 잃은 대상이지만 원수에게는 약속대로 아귀를 잠들게 하는 인물인 데서), 여성 인물이 사건의 피해자이자 해결을 돕는 존재임을 알 수 있군.

5. (일세에 무쌍한 무예를 갖춘 원수가 아귀의 비수로 기둥을 베어 보는 데서), 주인공이 적대자를 처치하기 위해 자신의 계획대로 초월적 능력을 시험하고 있음을 알 수 있군.

. . . . . . . . . . . . . . . . . . . . . . . . . . . . . . . . . . . . . . .

6. ('흰 벽'에 나뭇가지가 그림자로 나타나는 것은), 천년을 쇠락해 온 인간의 역사가 자연의 힘을 탐색하는 과정에서 자연의 모습에 영향을 미친 결과를 보여주는군.

. . . . . . . . . . . . . . . . . . . . . . . . . . . . . . . . . . . . . . .

7. ('두리기둥'의 틈에 볕과 바람이 쓰라리게 스며드는 것)을 서럽지 않다고 한 것은, 쇠락해 가는 인간의 역사가 자연이 가진 변화의 힘을 수용함을 드러내는군.

. . . . . . . . . . . . . . . . . . . . . . . . . . . . . . . . . . . . . . .

8. ('기왓장마다' 이끼와 세월이 덮여감에도 멀리 있는 바람 소리에 귀를 기울이는 것은), 자연의 영향을 받으면서도 자연이 가진 변화의 힘에서 생성의 가능성을 찾는 모습이겠군.

. . . . . . . . . . . . . . . . . . . . . . . . . . . . . . . . . . . . . . .

9. ('주춧돌 놓인 자리'에 봄이면 푸른 싹이 돋고 나무가 자라는 것은), 생성의 기반을 잃지 않은 인간의 역사가 자연과 어우러져 생성의 힘을 수용하는 모습이겠군.

. . . . . . . . . . . . . . . . . . . . . . . . . . . . . . . . . . . . . . .

10. ('닫혀진 문'이 별들이 돌아오고 낡은 처마 끝에 빛이 쏟아지는 새벽에 열리는 것은), 순환하는 자연 속에서 인간의 역사를 다시 생성할 가능성이 나타남을 보여주는군.

이처럼 문학 선지를 한 번도 사실과 정서로 해체해서 판단해 본 적이 없는 학생은 문학 공부를 하는 방법 자체를 몰랐던 것이다. 내신 시험은 교과서나 프린트물에 적힌 정서만 달달 외우면 된다. 비슷한 정서라도 출제하는 선생님의 마음에 따라 맞을 수도 있고 틀릴 수도 있다. 하지만 수능은 전국의 모든 수험생이 보는 문제이기 때문에 객관적인 문제를 출제할 수밖에 없다는 사실을 꼭 기억하기 바란다.

## 🔍 문학 개념어와 갈래별 특징

앞에서처럼 기출 선지를 해체해서 각기 다른 기준으로 정확하게 판단할 수 있다면, 문학 공부의 80%는 이미 완성됐다고 보면 된다. 하지만 문제 풀이에 박차를 가하기 위해서는 몇 가지 추가적인 공부가 필요하다.

첫째, 문학 개념어에 대한 공부다. 수능 문학에서 사용되는 어휘는 우리가 일상에서 사용하는 어휘와 다르다. 예를 들어 '상징'이라는 단어를 일상에서 사용한다면, 마스코트나 로고 등 한정적인 사물에만 사용하는 경우가 많다. 길거리에서 흔히 볼 수 있는 돌멩이를 보고 보통 상징적이라고 하지는 않는다. 하지만 모든 문학 작품에는 상징적 의미가 담겨 있다. 상징적 의미가 없는 작품은 문학이 아니라 독서 지문이다.

따라서 문학 선지를 판단할 때는 평소에 사용하는 의미로 어휘를 한정해서는 안 된다. 비유, 상징, 성찰, 갈등 등 평소에 사용하는 의미의 범위보다 넓게 해석해야 하는 단어도 있고, '관념의 시각화', '색채 이미지' 등 일상에서 아예 사용하지 않는 어휘도 있다. 따라서 기출을 토대로 각 어휘들이 어떻게 사용되고 정의되었는지 기준을 세우는 과정이 꼭 필요하다.

예를 들어 '이 작품은 묘사를 통해 인물의 내면을 드러내고 있다'라는 선지를 판단해 보자. 이때, 시험장에서 특정 장면이 묘사인지 아닌지를 고민하고 있으면 안 된다. 묘사의 기준을 시험장에서 고민했다면 그건 문학 공부를 제대로 하지 않은 것이다. '묘사는 광범위하게 인정될 수밖에 없기 때문에, 흥부전처럼 확실하게 묘사되지 않는 이상 일단 판단을 유보해야 하는 단어다'와 비슷한 결론을 시험장에 들어가기 전, 미리 공부를 하면서 내려놓아야 한다.

같은 맥락에서, 문학 선지에는 판단이 필요 없는 구절들도 있다.

- ~로 시상을 전개하고 있다.
- ~로 주제 의식을 부각하고 있다.
- ~로 정서를 부각하고 있다.
- ~로 분위기를 조성하고 있다.
- ~주제 의식을 강조하고 있다.
- ~를 통해 주제를 부각하고 있다.
- ~를 통해 화자의 태도를 드러내고 있다.
- ~를 통해 화자의 심리를 내포하고 있다.
- ~으로 화자의 감정을 드러낸다.
- ~로 인물의 심리를 표현하고 있다.

위와 같은 구절들은 틀릴 수가 없기 때문에, 따로 판단할 필요가 없다. 문학 작품의 모든 구절은 주제 의식과 태도, 심리를 내포하고 분위기를 조성한다. 시상을 전개하지 않는 시어나 표현법은 없고, 주제 의식과 무관한 시어 또한 없다. 시험장에서 이런 구절을 만나면 빠르게 쳐낼 수 있어야 한다. 다만, 마지막 4개의 구절처럼 특정 '화자'나 '인물'로 한정한 선지는 앞의 내용이 화자나 인물과 관련이 있는지 확인해야 한다.

판단은 필요하지만 대단히 높은 확률로 맞는 구절도 있다. '~로 갈등을 드러낸다', '시각적 이미지를 사용하여~' 등의 구절이다.

갈등이 없는 소설이나 시각적 이미지를 사용하지 않는 시나 소설은 없다. 이때 갈등은 외적 갈등뿐만 아니라 내적 갈등까지 포함하고, 시각적 이미지는 어떤 사물만 제시되어도 이미지가 연상되기 때문에 그러하다. 이를 알고 있는 것과 모르는 것의 차이는 엄청나다. 다만 출제자가 갈등이 없는 특정 부분을 선지로 끌고 와서 물어볼 수도 있기 때문에, 최소한의 판단은 필요하다.

수능 문학에서는 문학만의 약속이 있다. 이 약속은 수년간의 기출과 선지들로 이루어진 판단 기준이다. 따라서 개인의 어휘를 평가원의 어휘와 맞추는 과정을 꼭 거쳐야 한다. 문학 기본 강의를 들으면서 평가원의 어휘들을 습득한 뒤, 기출을 보면서 스스로 다시 적용해 보는 방식이 가장 좋다.

문학은 갈래마다 중요한 포인트가 정해져 있다. 현대시는 주제 의식과 대표적 시어들의 상징적 의미를 알아야 하고, 현대소설은 소설의 주제와 인물의 심리 변화, 전체적인 줄거리를 알아야 한다. 고전시가는 어떤 장면이 나와도 해석을 할 수 있어야 하고, 고전소설은 인물의 관계와 줄거리를 알면 된다.

**현대시:** 주제 의식, 시어의 상징적 의미

**고전시가:** 자주 나오는 주제 의식, 고전 어휘들의 의미

**현대소설:** 인물의 내면 변화, 장소 변화 등 변화에 초점, 줄거리

**고전소설:** 인물 간의 관계, 줄거리

요점은 갈래마다 무엇에 집중해서 읽어야 하는지 미리 알고 있어야 한다는 것이다. 그래야 문학 작품을 단순히 감상하지 않고 빠르게 체크하며 읽어낼 수 있다. 현대시 같은 작품을 읽을 때, 분명 끝까지 읽었는데도 내가 무엇을 읽었는지 머릿속에 아무것도 남지 않아서 두 번, 세 번 읽어본 경험이 있을 것이다. 무엇에 집중해야 하는지 정하지 않아서 그렇다.

현대시를 읽을 때는 새로운 시어들이 나올 때마다 〈보기〉의 어떤 내용에 해당되는지 분류하면서 읽는 것을 습관으로 들여놓자. 마찬가지로 현대소설은 장면이 바뀔 때마다, 고전소설은 새로운 인물이 나올 때마다 인지하는 습관을 들여놓으면 좋다.

여기까지가 문학의 본질이라고 볼 수 있다. 문학은 평가원의 선지 구성 원리를 이해하고, EBS 공부만 성실히 하면 된다. 어려

울 것도, 깊게 생각할 것도 없는 과목이다.

만약 문학에서 계속 틀리는 문제가 나오거나 시간이 25분 이상 소요된다면, 작품을 읽는 데 오래 걸리는지, 선지를 판단하는 데 오래 걸리는지 먼저 판단해 보자. 작품에서 오래 걸린다면 고전 어휘들에 익숙하지 않기 때문이거나 무엇에 집중해서 읽어야 할지 모르기 때문이다. 만약 선지에서 오래 걸린다면 평가원 어휘에 대한 기준을 모르거나, 선지 구성 원리를 이해하지 못한 채 주관으로 판단하고 있는 것이다.

위 내용을 완벽하게 숙지했다면 문학 선지를 판단할 때 본인만의 노하우가 생길 것이다. 나는 1~5번까지의 선지를 사실과 정서 부분으로 나눈 뒤 정서 부분을 빠르게 먼저 판단했다. 정서 부분을 거짓으로 만들기 위해서는 아예 반대되는 정서로 출제를 하기 때문에, 눈에 빨리 띄기 때문이다.

정서 부분에서 거짓인 구절이 없어서 사실 부분을 판단할 때는 '가장 거짓일 것 같은' 사실을 먼저 체크한다. 이는 기출을 많이 분석하면 감이 생기는데, 작은따옴표로 표시한 구간이 가장 적은 선지가 그 예다. 작은따옴표는 무조건 작품에서 인용해야 하기 때문에 그 안의 내용은 틀릴 일이 없어서 이 외의 부분에서 거짓을 만들어야 하기 때문이다.

이런 노하우는 정석대로 공부를 마친 뒤 시간 단축을 위해 스스로에게 최적화된 방법을 연구하며 찾아보길 추천한다. 여기에다 EBS까지 정리해 두면 20분 선에서 마무리하고 나머지 시간은 독서에 사용할 수 있다.

## 🔍 EBS는 문학 선생님이다

문학 공부에 EBS 이야기를 빼놓을 수 없다. 모든 과목, 모든 영역을 통틀어서 EBS는 문학 영역에서 가장 중요하다. 문학 작품은 이미 현존하는 작품을 토대로 문제를 출제하기 때문에 EBS에 실린 작품을 변형해서 연계할 수 없다. 따라서 매년 출제되는 수능 작품의 절반 정도가 EBS에 실린 그대로 출제가 된다.

즉 EBS를 완벽하게 공부해 놓는다면, 수능 시험 당일에 보는 문학 작품 중 절반은 줄거리, 주제, 시어의 의미, 인물의 관계 등을 모조리 파악한 상태로 문제를 풀 수 있는 것이다. 모의고사에서 이미 경험해 본 사람은 알겠지만, 이 영향력은 엄청나다. 험난한 독서 지문들 사이에서 익숙한 작품의 제목은 마치 사막의 오아시스 같다. 실제 시험장에서 심리적 영향력도 굉장히 크고, 시간 단축도 최대 5~10분 정도 가능하다. 국어에서 5~10분은 독서 지문 하나를 읽을 수 있는 시간이다.

앞에서도 말했듯이 문학 수능 특강은 6월 모의고사 이전에 1회독을 끝내는 것이 좋다. 하반기로 갈수록 해야 할 공부가 많아지고, 부담감도 커지기 때문이다. 6월 모의고사를 최대한 실전과 비슷하게 볼 수 있다는 장점도 있다. 같은 이유로 수능 완성은 9월 모의고사 전까지 1회독을 끝내면 된다. 그렇게 수능 전까지 모든 작품을 최소 3회독 하기를 것을 추천한다.

물론 회독수가 중요한 게 아니라 머리에 남는 것이 중요하다. EBS 공부를 할 때 일반 EBS 교재를 푸는 것보다 위의 갈래별 포인트들이 적혀 있는 EBS 분석서를 공부하는 것이 좋다. 일반 EBS 교재나 작품 원문만 봐서는 시어의 상징적 의미가 무엇인지, 소설의 전체 줄거리가 무엇인지 등을 알 수 없다. 교재는 요즘 워낙 자세해서 크게 상관없고, 자신이 듣는 강의 교재를 구매하면 된다. 개인적으로는 강의를 듣는 것보다 혼자 교재를 보는 것을 추천하는데, 그게 시간이 훨씬 적게 걸리기 때문이다. 하나의 현대시 지문을 혼자 공부하면 10분 정도 걸리는 데 비해 강의를 듣고 복습하면 30분은 써야 한다. 언제나 말했듯이 수험생은 항상 효율적이고 기민해야 한다.

독서 EBS의 경우, 지문의 내용이 그대로 출제되지는 않고 EBS 지문에 사용된 개념 또는 관련된 다른 주제의 지문이 출제된다. 하지만 경제나 철학 같은 주제는 연계되면 환율이나 사상 같은 기본 정보가 겹치기 때문에 공부는 해놓아야 한다. 비슷한 주제를 한 번 읽어봤다는 심리적 안정감은 덤이다. 비교적 시간 여유가 있는 여름방학 때, 하루에 지문 3~5개씩을 속독하면서 자신이 약한 주제나 생소한 개념이 담긴 지문들만 체크해 놓고 수능 직전에 한두 번 더 보기를 추천한다.

선택 과목 EBS는 연계되는 것을 체감하기에는 힘들 것이다. 시중 문제집을 푼다는 생각으로 가볍게 풀어주고, 생소한 문제만 체크해 놓은 뒤 한 번 정도 더 풀면 된다. 특히 언매 선택자는 수능 특강에 있는 문법 개념과 자료는 전부 아는 상태로 시험장에 들어가야 한다.

수능에 가까워질수록 '적중'을 내세우면서 연계될 EBS 작품들을 예상하는 이들이 많을 것이다. 그러나 평가원은 예상이 아니라 대응의 대상이라고 말했다. 적중 예상 작품들만 공부했다가 공부하지 않은 작품들만 연계되면 아무도 책임지거나 보상해 주지 않는다.

# 기출과 사설, 뭐가 더 중요할까?

## 🔍 국어는 기출과 사설의 조화가 중요하다

기출과 사설 중 어느 게 더 중요하냐고 많이들 묻는다. 국어는 기출과 사설의 '조화'가 중요하다. 기출을 소홀히 하고 사설만 푼다면, 문제를 맞히는 데만 치중하느라 어떤 사고 과정이 필요한지 모를 수 있다. 반대로 기출만 본다면 태어나서 처음보는 문제를 대하는 훈련을 할 수 없다. 즉, 두 공부의 비중을 유지하면서 기출에서 얻은 교훈을 사설에 적용하고, 사설에서 느낀 문제점을 기출에서 해결하는 선순환이 이루어져야 한다.

평가원 기출을 처음 보는 학생이라면 6월 모의고사 전까지는 기출 위주로 공부하기를 추천한다. 독서 기출은 매번 새로운 사고 과정과 습관을 얻어 갈 수 있는 자료이고, 문학 기출은 평가원의 출제 원리를 계속 되새길 수 있는 좋은 자료다. 같은 기출 자료를 보더라도 누구는 아무것도 얻어 가지 못할 수도 있고, 누구는 국어의 본질을 얻어 갈 수도 있다.

6월 모의고사 이후로도 기출은 꾸준히 보길 추천한다. 많이 받는 질문 중 하나가 '기출은 이미 풀어서 기억이 나는데, 또 봐야 하나요?'이다. 문학 사설 문제들 중에는 평가원의 선지 출제 원리대로 출제하지 않는 문제들도 간혹 있어서 주기적으로 평가원의 문제들을 보면서 기억을 되살려 줘야 한다.

개인적으로는 실전 모의고사를 제외한다면, 문학은 사설 문제를 볼 이유가 없다고 생각한다. 독서는 선지 자체의 참과 거짓보다는 '이 선지를 한 번에 판단하기 위해서는 애초에 어떻게 지문을 읽어야 하는가?'에 집중해야 한다. 어떻게 지문을 읽어야 하는지는 앞서 자세히 설명했다. 같은 지문을 반복해서 봐도 괜찮으니, 시간 내에 '해야 하는 사고'를 전부 해내는 것을 목표로 삼고 집중하자.

독서의 경우 지문의 흐름 파악, 행간의 의미 파악, 연결과 구분을 시간 내에 해내는 데에만 꽤 많은 연습이 필요할 것이다. 다만 이 과정이 어느 정도 익숙해졌다면, 다양한 각도로 기출을 분석해 보길 바란다. 아래는 기출을 분석할 수 있는 여러 각도들이다.

1. **글은 어떤 짜임새(구조)로 적힐까?**

   앞서 말한 흐름의 조각을 파악하는 과정이다. 평가원은 글의 특정 짜임새를 반복한다.

2. **앞 문장에서 생성된 의미의 흐름을 타면서 뒷 문장을 해석하기**

   행간의 의미 파악하기, 연결하기와 같은 말이다. 앞 문장에서 생성된 흐름으로 뒷 문장에 내재된 의미를 파악하는 과정을 컨디션 불문, 난도 불문, 시험장에서도 가능하게 하는 것이 국어 공부의 최종 목표다.

3. **문장들이나 문단들은 왜 그 순서대로 배치되었을까? (핵심 흐름을 파악하기 위한 연습)**

   열심히 정보를 처리하다 보면 정작 자신이 무엇을 읽고 있는지 까먹는 경우가 있다. 기출을 분석하는 것은 글을 읽을 때 계속 무엇을 읽는지를 떠올리기 위한 연습이다. 또한 이 질문을 고민하다 보면 어떠한 문장이나 문단이 특정 문장이나 문단을 돋보이게 하기 위해 쓰였음을 알 수 있다.

4. **적극적으로 뒤에 이어질 내용을 예측하기**

   기출을 분석해 보면 뒤의 내용을 암시하는 문장들이 많음을 알 수 있다. 따라서 적극적으로 예측하는 것은 독해를 보다 편하게 만들어주기도 하고 행간의 의미를 파악하는 데에도 도움을 준다.

### 5. 담화표지(접속사)는 어떤 약속을 지키고 있을까?

평가원의 담화표지(그러나, 하지만, 이처럼 등)는 자신들만의 약속을 지키고 있다. 예를 들어서 '그러나'가 나온다면 뒷문장이 어떤 '글자'로 적혀 있다고 한들 어떤 '의미'를 가지고 있는지는 확정되어 있다. 이를 이용해 뒤에 이어질 내용을 미리 예측해서 처리해야 할 정보량을 줄일 수 있다.

### 6. 이 문장은 왜 뜬금없이 나온 것일까?

처음 기출 분석을 할 때는 '이 문장은 왜 뜬금없이 나온 거지?' 라는 의문점이 생긴다. 하지만 결국 수험 생활이 끝나가는 시점에는 모든 문장이 나름의 역할과 존재 이유가 있음을 깨닫게 된다. 시각이 넓어지면 문장의 존재 이유가 보이기 시작한다.

### 7. 복잡한 문장은 어떤 의미 단위들로 이루어져 있을까?

이해가 안 되는 복잡한 문장은 단순히 여러 번 읽기보다 의미 단위별로 끊어서 해석하면 큰 도움을 받을 수 있다.

### 8. 이해를 실패했을 때 어떻게 대처할 수 있는가?

시험장에서 이해에 실패했다면 일단 정보를 파악하고 넘어갈 수 있어야 한다는 사실을 깨닫는 것도 중요하다. 기출에도 이해가 불가능한 구간은 분명히 존재한다.

9. **텍스트나 의미 자체에 내재되어 있는 애매함은 존재할 수밖에 없다는 것을 깨닫기.**

평가원 지문이라도 텍스트 자체에 애매함은 분명 있을 수 있고, 그것에 대처하는 방안을 생각해야 한다.

- - - - - - - - - - - - - - - - - - - - - - - - - - - - - - - - - - - - - - - - - - - - - - - - -

10. **지문의 정보를 어떻게 선택지의 정보로 변형하는가?**

고난도 선지는 지문의 명시적 정보를 그대로 옮겨 적지 않고 어떤 식으로든 변형해서 출제를 하기 때문에 어떤 양상으로 변형이 가능한지 미리 알아야 한다.

- - - - - - - - - - - - - - - - - - - - - - - - - - - - - - - - - - - - - - - - - - - - - - - - -

11. **선지는 판단의 대상이기 이전에 해석의 대상이다.**

고난도 선지는 판단하기 이전에 어떤 의미인지를 파악해야 하는 경우가 많다. 무턱대고 판단하려고 달려들면 시간만 쓰고 문제를 다 못 풀 수도 있다. 따라서 선지를 판단하기 이전에 정확하게 독해하는 것을 습관으로 들여야 한다.

- - - - - - - - - - - - - - - - - - - - - - - - - - - - - - - - - - - - - - - - - - - - - - - - -

12. **이해의 끝에는 핵심어가 있다.**

지문을 아무리 잘 이해하고 정보를 처리했어도 결국은 그 정보들을 가지고 선지를 판단하는 것이 목적이다. 이해가 됐어도 자신의 언어에서 선지의 언어로 바꾸는 데 시간이 오래 걸리면 안 된다. 각 문단을 하나로 응축하는 핵심어를 확보해 두면 지문을 읽는 과정도 원활하고 선지도 잘 판단된다.

수능이 가까워지면 '역시 국어는 기출이지!'라고 하면서 기출만 보는 학생이 있다. 이것은 망하는 지름길이다. 특히 독서는 새로운 정보를 처리할 때와 이미 아는 정보를 처리할 때의 느낌이 아예 다르다. 시험에서는 '감'을 무시할 수 없는데, 이 '감'은 오직 새로운 문제를 풂으로써 유지된다. 따라서 6월 모의고사 이후로는 사설 지문과 문제들도 꾸준히 읽고 풀면서 기출에서 얻은 태도들을 적용하며 체화하는 과정이 꼭 필요하다.

나는 수능 전날까지도 기출을 보면서 나의 행동 강령을 되새겼다. 기출은 다시 보고 싶은데, 이미 풀어본 적이 있어서 무엇에 집중해야 할지 모르겠으면 위의 항목들 중 하나를 선택해 5지문 연속으로 그 항목에만 집중해서 읽어보자. 그리고 다음 날에는 또 다른 항목에만 집중해서 읽기를 반복하며, 최종적으로는 모든 행동이 동시에 발현될 때까지 연습하면 된다.

## 🔍 실전 모의고사로 변수를 대비하고 시간을 관리하라

우리가 시험장에서 볼 지문은 결국 생전 처음 보는 지문이다. 처음 접하는 정보이기 때문에, 아는 지문만 읽다 보면 정작 실전 감각을 잃을 수 있다. 앞서 말했듯이 국어는 필요한 사고 과정이 가장 많은 과목이므로, 변수도 많고 시간 관리도 어렵다.

사설 N제의 경우 기출에서 얻은 태도의 체화가 목적이라고 생각하면 되지만, 실전 모의고사는 이보다 좀 더 큰 의미를 둬야 한다. 실전 모의고사는 태도의 체화 이외에도 '변수 대비'와 '시간 관리'라는 목적이 있다.

먼저 변수 대비다. 수능 현장에서 학생들이 가장 많이 당황하고 긴장하는 과목이 바로 국어다. 첫 시험이고, 뇌가 덜 깬 아침이라는 점, 처리해야 하는 정보량이 많다는 점 등 복합적인 요인이 작용하기 때문이다. 하지만 이런 특징을 알았으니, 당황할 만한 상황에서 최대한 유연하게 대처할 수 있도록 대비를 해놓으면 된다.

일단 실전 모의고사를 보기 시작하면 내가 생각한 실력에 비해 점수가 잘 나오지 않을 것이다. 어떤 시험은 지문 하나를 통째로 날리기도 할 것이고, 어떤 시험은 선택 과목에서 막힐 수도 있다. 중요한 것은 그런 경험을 했을 때 단순히 오답 정리와 자책에서 끝날 게 아니라 '왜 문제가 발생했는지' 스스로 점검해야 한다는 점이다. 더 나아가 그런 문제가 실제 시험장에서 발생한다면 어떻게 대처할지도 미리 생각해 놓아야 한다.

예를 들어 언매-독서-문학 순서대로 푼 시험지의 독서 〈보기〉 문제에서 시간이 오래 걸려 문학을 급하게 풀었다고 가정해 보자.

그럼 문학에서 급하게 풀어 틀린 문제의 오답 정리를 할 게 아니라, 시험장에서 시간이 오래 걸리는 독서 〈보기〉 같은 문제를 만나면 어떻게 할 것인지, 시간이 없을 때 문학에서 최대한 점수를 챙기려면 어떤 전략을 사용해야 하는지를 생각하는 것이다. 실제로 나는 적용이 복잡한 〈보기〉가 출제되면 빠르게 넘기고, 길이가 짧은 운문 작품부터 보는 등의 전략을 생각해 놓았다.

열심히 집중해서 풀면 어떻게든 될 것이라는 생각은 굉장히 무책임하다. 변수와 그에 대한 대처까지도 시험의 일부라는 점을 잊지 말자. 원하는 대로만 시험이 출제될 것이라고 믿는 수험생에게는 미안한 말이지만 그들은 일정 점수 이상을 받을 자격이 없다고 생각한다. 본인이 실제 모의고사를 보면서 겪은 변수 상황 말고도, 수능 시험장에서 일어날 수 있는 변수를 미리 생각해 보는 것은 기대보다 큰 도움이 된다. 나는 잠들기 전에 수능에서 일어날 수 있는 변수를 생각해 보곤 했다. 다음은 그때 생각한 변수들의 일부다.

- 지문형 언어 문제의 지문이 너무 복잡할 때
- 선택 과목의 답이 보이지 않을 때
- 선택 과목에서 시간이 생각보다 오래 걸렸을 때

- 독서론 지문이 평소와 다르게 고난도로 출제되었을 때
- 원래 알던 독서 문제 형식과 다르게 출제되었을 때
- 경제 지문의 변동 양상이 너무 복잡할 때
- 법 지문의 포함 관계가 너무 복잡할 때
- 철학 지문의 논리가 이해가 안 될 때
- 독서 첫 문단부터 개념 정의가 너무 많이 될 때
- 과학 지문의 정보량이 너무 많을 때
- 적용이 복잡한 <보기>가 출제되었을 때
- 난해한 현대소설이 출제되어 갈피를 못 잡을 때
- 고전 소설의 인물 관계가 파악이 안 될 때
- 문학의 <보기>가 제시되지 않았을 때
- 문학에 답이 없는 것 같을 때
- 문학 답이 두 개인 것 같을 때
- 갑자기 화장실이 가고 싶을 때
- 파본 검사를 계획했는데 파본 검사를 안 할 때
- 앞 사람이 다리를 떨 때
- 시험장에 빌런이 있을 때
- 연계가 전혀 되지 않았을 때
- 시계나 샤프가 고장 났을 때
- 시간이 없는데 OMR 마킹을 잘못 했을 때
- 시간이 없는데 두 문제 이상이 남았을 때

어떤 변수는 대처법 자체가 없을 수도 있고, 어떤 변수는 일어날 확률이 희박하기도 하다. 하지만 그런 변수를 미리 생각해 봤다는 사실 자체가 실제로 비슷한 상황을 마주쳤을 때 엄청난 도움이 된다. 나는 위의 상황들 중 꽤 많은 상황을 시험장에서 겪었지만, 미리 생각했기 때문에 큰 변수라고 느껴지지도 않았다. 1년 이상의 공부가 하나의 시험에 의해 결정되고, 그 책임은 온전히 자신에게 있음을 꼭 명심하길 바란다.

실전 모의고사는 변수 대비 외의 시간 관리 측면도 의미가 있다. 국어를 월등히 잘하거나 시험이 너무 쉽게 출제되지 않는 이상, 대부분의 학생은 국어에서 시간 관리에 어려움을 겪을 가능성이 높다. 명확한 기준을 잡아놓지 않으면 한 문제에 붙잡혀 있다가 시험 전체를 망칠 수도 있다. 따라서 어떤 순서로, 어느 정도의 시간을 사용할지 영역별로 정해놓길 바란다.

나 같은 경우에는 언매-독서-문학의 순서대로 풀었다. 언매는 유일하게 알고 있는 지식을 사용할 수 있다는 점에서 변수가 그나마 적기 때문에 예열을 하기 좋은 영역이라고 생각한다. 문학은 선지 판단 기준이 명확하게 확립되어 있으면 시간이 촉박한 상황에서도 빠르게 정답을 골라낼 수 있기 때문에 마지막 순서로 넣었다. 시간이 촉박하면 독서는 마음이 급해져서 원래 잘 읽히는 지문도 잘 안 읽히기 때문에 중간에 넣었다.

가장 이상적인 시간 분배는 선택 과목과 독서론 15분, 문학 25분, 독서 35분, 마킹 및 넘긴 문제 5분이다. 선택 과목과 문학에서 시간을 아껴서 독서에 모두 투자했고, 그렇게 운용했다. 선택 과목과 문학은 시간을 단축하면서 정답률을 유지하는 것이 가능하지만, 독서는 시간을 줄이기가 어려우므로 풀이 시간을 넉넉하게 잡아야 한다. 사실 각 지문당 15분이면 굉장히 넉넉하다고 생각할 수 있지만, 막상 2022학년도 독서 지문 정도의 난도를 마주하면 그마저도 부족하다고 느낄 수 있다.

　이 시간 분배는 그냥 이정표 정도로 생각하자. 내가 어느 정도의 속도로 문제를 풀고 있는지 점검할 수 있는 지표이지, 꼭 제시간 안에 풀어야 한다는 강박을 가질 필요는 없다. 어떤 시험지는 출제자가 작정하고 선택 과목을 어렵게 출제해서 15분 이상 걸릴 수도 있다. 그런 시험지에서 평소보다 시간이 오래 걸렸다고 자괴감에 빠지면 본인만 손해다. 평소보다 시간이 오래 걸린다면 일단 풀지 못한 나머지 문제는 맨 뒤로 넘기거나, 뒤의 문제를 더 빠르게 풀면 된다. 절대로 시간 분배가 멘탈에 영향을 미쳐서는 안 된다.

　시간 분배는 데드라인이 아닌 이정표라고 생각하자. 평가원은 예상이 아니라 대응의 대상이다. 국어 공부는 눈에 보이지 않는 태도를 갈고닦는 과목이기 때문에 자칫 의미 없다고 느껴지는 공부를 반복할 수도 있다. 공부 자체에 대해 많이 생각하지 않고 문제만 풀면 실력은 제자리걸음일 것이다.

　마지막으로 당부하고 싶은 건 최소한 이 책으로 국어 공부에 대한 방향성을 잡길 바란다는 것이다. 그다음 적극적으로 '수능 시험장에서 직접적으로 도움이 되는 공부는 무엇일까?'를 고민하면서 공부하길 바란다.

4장

수능의 성패는

수학에 달려 있다

# 수능 수학
# 공부의 특징

## 🔍 공부는 재능일까 노력일까

　공부가 재능의 영역인지 노력의 영역인지에 대한 논쟁은 오래
되었다. 그렇다면 수학 공부를 해도 실력이 늘지 않는 학생은 수
학적 재능이 없는 것일까? 나는 이 논쟁의 답은 정해져 있다고
생각한다. 스포츠는 타고난 운동신경에 영향을 받고, 예술은 감
각적인 창의성에 영향을 받는 것처럼 공부도 지능의 영향을 받는
다. 타고난 지능과 무관하다는 것은 분명히 거짓말이다. 나는 대
학교에 와서 그 사실을 더 뼈저리게 느꼈다. 세상에는 정말 똑똑
한 사람이 많고, 공부는 지능의 영향을 무조건 받는다. 하지만 높
은 지능을 가진 사람만 수능 만점을 받을 수 있냐는 질문은 완전

히 다른 질문이다.

만약 세상에 없는 연구를 진행하거나 공식을 증명하는 일이 스포츠라면, 수능 수학 공부는 팔굽혀펴기에 가깝다. 그것도 100개, 200개씩 하는 것이 아니라 40~50개 하는 정도다. 우리가 팔굽혀펴기를 할 때 운동신경을 논하지 않는 것처럼, 수능 수학 만점에는 타고난 재능이 필수적인 조건은 아니다.

물론, 운동신경을 타고났으면 목표치에 도달하는 속도는 남들보다 훨씬 빠를 수 있다. 하지만 평균 정도의 신체 활동을 해온 사람이 1년 정도의 시간을 꾸준히 연습한다면 같은 목표에 도달할 수 있다. 수능 공부도 마찬가지다. 고등학교 교육과정의 수학을 2학년까지 성실히 공부했다면, 속도의 차이는 있을 수 있어도 결국에는 만점에 도달할 수 있다.

그러나 팔굽혀펴기를 잘못된 자세로 반복한다면 50개에 도달하기 전에 한계에 부딪히거나 부상을 당할 위험이 있다. 수학 공부를 시작하기 앞서 자세부터 바로잡아야 하는 이유다. 수학 공부 또한 태도를 갖추지 않은 채 단순히 문제만 풀고 오답을 정리하는 과정을 반복하다 보면, 한계에 부딪힐 수밖에 없다. 이때 자신의 재능을 탓하는 것은, 이상한 자세로 팔굽혀펴기를 하면서 운동신경을 탓하는 것과 같다.

물론, 수능은 팔굽혀펴기와 다르게 당일의 운도 영향을 미친다.

하지만 그건 최상위권 성적대의 얘기이고, 그 아래의 점수는 운과 무관하다. 사실 애초에 100점 이상의 실력을 만들어놓는다면 운을 아예 배제할 수 있다.

수학을 잘하기 위해서는 문제 풀이를 위해 알아야 하는 공식도 있고, 고난도 문제를 접근할 때의 태도도 필요하다. 지식은 교과서의 가장 기본적인 개념들과 수능 문제를 빨리 풀 수 있는 문제 풀이 스킬로 나뉜다. 즉 수학 공부는 개념, 스킬, 태도 세 가지의 조화로 이루어진다. 수학 공부를 잘못하고 있는 학생의 문제점은 개념과 태도에서 나타난다. 개념을 안다고 생각했지만 사실은 제대로 알지 못했거나, 문제에 접근하는 태도에 대한 생각을 전혀 하지 않았기 때문이다. 보통 학생들의 수학 공부 과정을 보면 문제 풀이법, 즉 스킬을 배워 문제에 적용하고, 채점한다. 틀리거나 모르는 문제는 답지를 참고해 고친다. 틀린 문제를 다시 풀어보는 학생은 좀 더 낫다. 이 과정은 오직 스킬에만 치중되어 있고 개념과 태도에 대해 고려하는 과정은 완전히 빠져 있다. 수학 공부의 세 가지 요소 중 한 가지에만 집중하니 실력이 당연히 오르지 않는다. 그런데도 뭐가 문제인지 모른 채 수학 스킬이 부족하다고 판단해서 더 많은 스킬을 배운다. 그에 대한 결과는 굳이 언급하지 않겠다.

# 🔍 수학의 본질을 제대로 아는 것

수학의 본질은 하나의 목표로 논리적 비약 없이 모든 풀이에 필연성을 부여하는 과정이다. 이때 스킬은 개념을 정확히 아는 학생들이 풀이 시간을 줄이기 위해서 사용하는 요소일 뿐이다. 단 한 문제를 풀더라도, 모든 과정에 필연성을 부여하고 논리의 흐름이 확고해야 제대로 된 수학 공부를 했다고 할 수 있다. 여러 방법을 시도하다가 우연히 풀려서 문제를 맞힌 것은 수학 공부를 한 것이 아니라 자신의 운을 테스트해 본 것이다.

풀이의 필연성이 수학 공부의 본질임에도 이에 대해서 생각하는 사람은 많지 않은 것 같다. 목적 없는 계산의 나열은 언젠가는 한계에 다다르게 되어 있다.

수능 수학이 요구하는 풀이는 이미 기출에서 나온 적이 있다. 기출이 워낙 오랫동안 쌓였기 때문에 더 이상 새로운 논리나 풀이를 요구하는 문제는 나오지 않는다. 특히 킬러 문제들의 난도가 극악무도했던 17학년도부터 20학년도까지와 달리, 요즘에는 킬러 문제들이 줄어들고 준킬러가 많아지는 기조다. 기출을 스킬로 때려 맞히며 풀던 사람은 어렵다고 느끼고, 필연성을 느끼면서 정석대로 풀던 사람은 쉽다고 느낄 것이다.

모든 기출 문제를 논리적 비약 없이 필연성을 부여해서 풀 수 있고, 실수만 하지 않는다면 수능 수학 만점은 따 놓은 당상이다.

대부분은 스킬 익히는 것을 좋아하고, 개념과 태도는 비교적 추상적이고 귀찮은 과정이 동반되므로 꺼려 한다. 스킬은 어떤 수학 강의를 들어도 원하는 것 이상으로 배울 수 있을 것이다. 그러므로 이 책에는 주로 개념과 태도를 어떻게 점검하고 발전시킬지에 대한 내용을 담았다. 세 가지 요소 중 스킬은 시간 단축의 의미가 있을 뿐, 본질은 개념과 태도에 있다는 점을 명심하기 바란다.

# 정확한 개념을
# 알고 있는지 파악하라

## 🔍 수학은 메타인지에서 시작한다

수학은 강의를 듣거나 문제를 풀기 전에 자신이 어느 단계에 있는지 정확히 인지해야 성적이 오른다. 즉, 메타인지 능력을 발휘해야 공부를 잘할 수 있다. 하지만 수학을 어려워하는 학생 대부분은 자신이 무엇을 알고 무엇을 모르는지 인지하지 못한 상태로 무작정 문제를 푼다. 심지어 기본 공식을 제대로 외우지 않은 상태로 유형별 강의를 듣기도 한다.

자신의 상태를 정확히 판단할 수 있는 가장 좋은 방법은 백지 복습이다. 교과서나 수능 특강의 소제목만 빈 종이에 적어놓은 뒤 해당 단원에 있는 개념에 대해 써보면, 자기가 아는 개념과 모르는 개념을 명확히 구분할 수 있다. 특히 공식의 증명이나 개념의 정의는 무조건 백지 복습을 추천한다. 백지 복습까지 할 시간이 없다면 말로 설명 정도는 할 수 있어야 한다. 먼저 아래 질문에 답해보자.

- 연속의 정의가 무엇인가?
- 미분가능성의 정의가 무엇인가?
- 평균값 정리가 무엇인가?
- 극대 극소의 정의가 무엇인가?
- 부정적분과 정적분의 차이가 무엇인가?
- 왜 분수함수의 극한에서 분모가 0으로 가고 주어진 극한이 수렴하면 반드시 분자도 0으로 가야 하는가?

위에 나열된 항목은 수2에서 가장 기본적인 개념들이다. 만약 답하는 데 조금이라도 망설였거나, 미분가능성의 정의에서 '기울기'나 극대 극소의 정의에서 '도함수'라는 단어를 포함했다면 지금 당장 이 책을 덮고 교과서나 수능 특강으로 돌아가 백지 복습을 끝내고 오길 바란다. 개념이 부실하다면 그 이후의 공부는 아무런 의미가 없다.

솔직히 말하면 나도 고2 여름방학 전까지는 수학 교과서를 제대로 펼쳐본 적이 없다. 그런데 이렇게 허술하게 공부해서는 달라질 것이 없겠다는 생각이 들어서 2주 동안 수능 특강 교재에 적혀 있는 모든 개념을 백지 복습했다.

막상 해보니 내가 자신 있게 적을 수 있는 개념보다 적지 못하는 개념이 더 많아서 부끄럽다는 생각과 지금이라도 개념을 잡을 수 있어서 다행이라는 생각이 동시에 들었다. 그다음 기출 문제집을 사서 가장 쉬운 문제부터 어떤 개념이 사용되었는지 연상하면서 풀기 시작했다. 원래라면 스킬을 적용해 빨리 풀고 넘겨버렸을 문제들도 어떤 개념이 어떤 과정을 거쳐서 이 스킬이 나왔는지 일일이 생각하면서 풀었다. 그러자 문제를 대하는 시각이 완전히 달라진 느낌이었다. 편법과 직관으로 빠르게 풀고, 유형에 해당하는 풀이를 단순 암기할 때와는 느껴지는 깊이가 달랐다.

예시와 함께 설명하겠다.

---

**18.** 함수

$$f(x) = \begin{cases} x^3 + ax & (x < 1) \\ bx^2 + x + 1 & (x \geq 1) \end{cases}$$

이 $x = 1$에서 미분가능할 때, $a + b$의 값은?
(단, $a$, $b$는 상수이다.) [4점]

① 5    ② 6    ③ 7    ④ 8    ⑤ 9

---

이 문제를 본 하위권부터 최상위권까지의 학생은 모두 위와 아래식을 미분한 뒤 1을 대입해서 같다고 놓는 비슷한 풀이 과정으로 풀 것이다. 하지만 개념을 정확히 알고 문제를 푼 학생과 단순히 문제를 유형화해서 주입식 공부를 한 학생의 공부의 깊이는 차원이 다르다.

왜 그렇게 풀었냐고 질문하면, '기울기가 같아야 하기 때문에', '도함수가 연속이어야 하기 때문에', '그렇게 풀어야 한다고 배워서' 등 정말 다양한 답변이 나온다. 이 대답들은 전부 미분가능성의 정의가 아니다. '미분이 가능하다'의 정의는 '미분계수가 존재한다'이다. 즉, 미분계수라고 불리는 극한식이 수렴하면 미분이 가능한 것이다. 분명 미분가능성은 극한식과 직결된 정의인데, 왜 우리는 미분 가능성을 판단할 때 극한식을 적지 않는 것인가? 당연히 가져야 하는 의문인데, 대부분의 학생은 풀이법을 주입식으로 공부한다.

개념을 제대로 알지 못한 채, 문제를 유형화해서 푸는 요령만 습득한 학생은 이런 의문을 가질 수 있다. '어떻게 풀든 문제만 맞히면 되는 것 아닌가?' 하고 말이다. 이런 식으로 공부하면 유형이 조금만 변형돼도 풀지 못한다. 껍데기만 달라진 문제들을 같은 핵심 개념으로 인지하지 못했기 때문이다. 껍데기만 공부했으니 당연하다.

'미분 가능성을 판단하기 위해서는 도함수가 연속인지를 판단하면 된다'는 오개념이다. 이 오개념을 가지고 평가원의 19학년도 6월 모의고사 21번 미적분 문제를 풀면 아마 손도 못 댈 것이다. 심지어 평가원은 악랄하게도 위의 오개념을 가지고 문제를 풀어서 나오는 답을 객관식 선지에 배치했다. 평가원은 잘못된 개념이나 유형화된 풀이법을 암기하고 있는 학생들을 괴롭히는 것을 매우 좋아한다는 점을 잊지 말자.

## 🔍 수학의 벽을 뚫으려면 기본부터 공부하자

그렇다면 개념과 논리는 언제부터 공부해야 할까? 나는 처음부터 공부해 두라고 말하고 싶다. 한참 강의를 듣고 문제를 풀다가 개념의 빈 구멍을 발견한 뒤에 공부하는 것은 너무 늦다. 단기적으로 보면 1~2등급 정도는 상승할 수 있어도, 절대 그 이상의 벽은 뚫을 수 없다. 그제야 고액 과외를 수소문하거나, 유명한 일타 강사를 찾아봐도 소용없다.

머리속에 개념이 단단하면 수학 문제를 '확신을 갖고' 풀 수 있다. 이 확신은 사소해 보이지만 굉장히 중요하다. 확신이 있어야 잘못된 절차를 밟지 않고 당위성 있는 풀이를 이어나갈 수 있기 때문이다.

사실 수학 개념을 일일이 증명하면서 정의를 암기하는 일은 굉장히 지루한 과정이다. 그 시간에 문제를 푸는 것이 훨씬 도움이 될 것 같은 마음을 모르는 게 아니다. 나도 똑같이 그랬으니까 말이다. 하지만 직접 해보면 알겠지만, 공식을 증명하는 과정 자체가 목적을 가지고 풀이를 전개하는 과정이기 때문에 실제 문제를 푸는 과정과 다르지 않다. 빈 종이에 목적을 떠올리며 공식을 증명하는 과정은 개념의 복습과 고난도 문제 대비를 동시에 할 수 있는 효율적인 공부법이다.

이 과정을 반복한다면, 스킬을 적용하거나 정리할 때에 그 증명 과정이 머릿속에 스쳐 지나가는 수준이 된다. 만약 미분가능성의 정의를 제대로 공부했다면, 구간별로 정의된 함수의 위 아래 함수가 각각 미분이 가능하다면, 미분계수의 값이 곧 도함수의 극한값과 같기 때문에 위와 같은 계산이 가능하다는 '정리'를 알 수 있을 것이다. 같은 계산을 하더라도 이 '정리'를 아는 사람과, 단순히 유형을 암기한 사람의 수학 실력은 하늘과 땅 차이이다.

자신의 목표가 현재 점수에서 한두 문제 더 맞히는 것이 아니라면, 당장 교과서나 수능 특강의 모든 개념과 공식을 빈 종이에 적어 증명할 수 있고, 정의를 설명할 수 있는 수준까지 공부해 두기 바란다. 스킬이나 강의는 이 작업이 끝난 이후에 논할 수 있다.

# 시나리오를 그린 뒤 수학 독해력을 길러라

## 🔍 문제 풀이에도 일정한 루틴이 있다

나는 스스로 수학 실력이 정말 크게 늘었다고 생각한 순간이 딱 두 번 있었다. 첫 번째는 평소에는 신경 쓰지 않았던 정의와 논리를 완벽히 내 것으로 만들었을 때, 두 번째는 문제 풀이 습관을 바꿨을 때다. 나는 이 문제 풀이 습관이 수학 실력을 빠르고 가장 확실하게 올릴 수 있는 확실한 방법이라고 생각한다.

어떤 방법인지 단도직입적으로 소개하겠다. 바로 문제를 풀기에 앞서 문제 풀이의 시나리오를 그려보는 것이다. 나는 이 시나리오를 그려보는 습관의 유무가 제대로 수학을 공부하는지, 아니면 무작정 공부하는지를 판가름한다고 생각한다. 대부분 문제를 풀 때 눈에 보이는 풀이를 먼저 시작한다. 함수가 나오면 미분부터 해보고, 수열이 나오면 나열부터 해본다. 일단 풀이를 시작한 뒤 답이 나올 때까지 풀어본다. 그러다 운이 좋아서 답이 나오면 맞히고, 답이 안 나오면 틀린다. 딱 봐도 전혀 도움이 안 되는 공부법일 것 같지 않은가? 안타깝게도 과거의 나를 포함한 대부분이 이런 방식으로 문제를 푼다.

앞서 말한 것처럼 제대로 수학을 공부하려면, 계산을 시작하기 전에 내가 어떤 흐름으로 문제를 풀고 답을 낼지 미리 시나리오를 그려야 한다. 이것저것 시도해 보면서 문제를 푸는 것이 아니라, 어떤 과정을 거치면서 풀이를 이어나갈지 설계하는 것이다. 풀이에 당위성을 부여하는 과정이다.

가장 좋은 방법은 문제를 읽고 난 뒤 머릿속으로 풀이 과정을 전개해서 답이 나오는 과정까지 미리 떠올린 후 문제 풀이를 시작하는 것이다. 흐름을 파악하기 전에는 문제에 손을 대지 말고, 문제를 풀 수 있다는 확신이 들 때 문제 풀이에 돌입한다.

절대 급하게 풀지 말자. 차분히 문제를 읽으며 필요한 정보를 뽑고, 문제에서 구하려는 정보까지 어떻게 조합할 수 있을지 고민하면 된다. 이 방법으로 문제 풀이 습관을 바꾼 후에 수학 실력이 정말 눈에 띄게 늘었다.

이 방법으로 문제 풀이를 연습하다 보면 새로운 문제를 만나도 문제를 읽음과 동시에 어떤 방향으로 풀이를 진행해야 할지가 떠오르는 경지에 이를 수 있다. 이는 유형을 암기해서 생긴 능력이 아니다. 문제를 제대로 읽을 줄 아는 독해력이 향상된 것이다.

처음에는 당연히 한 번도 해보지 않은 방법이기 때문에 어색할 수 있다. 어떻게 계산 없이 흐름을 파악해야 되는지 감이 잘 안 잡힐 것이다. 하지만 꾸준히 반복하다 보면 실력이 늘지 않을 수 없는 최고의 방법이다.

## 🔍 실제 기출로 보는 문제 풀이 시나리오

실제 기출 예시들로 자세히 알아보자.

---

**12.** 실수 전체의 집합에서 연속인 함수 $f(x)$가 모든 실수 $x$에 대하여

$$\{f(x)\}^3 - \{f(x)\}^2 - x^2 f(x) + x^2 = 0$$

을 만족시킨다. 함수 $f(x)$의 최댓값이 $1$이고 최솟값이 $0$일 때, $f\left(-\dfrac{4}{3}\right) + f(0) + f\left(\dfrac{1}{2}\right)$의 값은? [4점]

① $\dfrac{1}{2}$　　② $1$　　③ $\dfrac{3}{2}$　　④ $2$　　⑤ $\dfrac{5}{2}$

---

문제를 풀기 전, 어떤 흐름으로 문제를 풀어야 할지 먼저 시나리오를 그려보자. 12번 문제에서 물어보는 것이 $f(x)$의 함숫값이기 때문에 결국 $f(x)$를 양함수 꼴로 구해야 한다. 그럼 위의 주어진 음함수를 어떻게 양함수로 바꿀 수 있는지 고민하는 것이 시나리오이자, 당위성 있는 풀이를 생각하는 것이다. 이 시나리오를 설정하는 과정 없이, 항등식이 나왔으니 바로 미분을 한다면 수학 실력은 절대 늘지 않는다.

음함수를 어떻게 양함수로 바꿀 수 있을지 조금만 고민해 보면, 인수분해가 된다는 것을 발견할 수 있다. 이후는 $f(x)$의 최댓값과 최솟값을 이용해서 $f(x)$의 개형을 확정 지으면 된다.

---

**13.** 두 상수 $a$, $b\,(1 < a < b)$에 대하여 좌표평면 위의
두 점 $(a, \log_2 a)$, $(b, \log_2 b)$를 지나는 직선의 $y$절편과
두 점 $(a, \log_4 a)$, $(b, \log_4 b)$를 지나는 직선의 $y$절편이 같다.
함수 $f(x) = a^{bx} + b^{ax}$에 대하여 $f(1) = 40$일 때, $f(2)$의 값은?

[4점]

① 760 　　② 800 　　③ 840 　　④ 880 　　⑤ 920

---

13번 문제도 시나리오를 먼저 그려보자. 문제를 차분히 관찰해 보면, 직선 2개가 $y$절편에서 만나기 때문에, 닮음인 삼각형 2개가

보인다. 잘 보이지 않으면 그래프를 그려보자. 닮음비를 이용해서 $a:b=log2a:log2b$라는 식을 찾았다면, $f(1)=40$과 함께 미지수 2개, 식 2개다. 계산하면 답을 구할 수 있다는 확신이 들기 때문에, 이제 문제를 풀어도 좋다. 만약 $y$절편을 식으로 표현해서 같다고 식을 세웠다면, 풀이 과정이 상당히 길어질 것이다.

잠깐의 시간을 써서 시나리오를 그려봤을 뿐인데 풀이 과정이 훨씬 간단해졌다. 수학 시험에서 시간이 부족한 문제는 계산을 더 빨리 하고, 암산을 더 많이 한다고 해결되는 것이 아니다. 미리 시나리오를 그리고 불필요한 풀이 과정을 줄여야 해결되는 것이다.

---

**22.** 최고차항의 계수가 1인 삼차함수 $f(x)$와 실수 전체의 집합에서 연속인 함수 $g(x)$가 다음 조건을 만족시킬 때, $f(4)$의 값을 구하시오. [4점]

> (가) 모든 실수 $x$에 대하여
> $$f(x) = f(1) + (x-1)f'(g(x))\text{이다.}$$
>
> (나) 함수 $g(x)$의 최솟값은 $\frac{5}{2}$이다.
>
> (다) $f(0) = -3$, $f(g(1)) = 6$

---

22번 문제는 앞선 문제들에 비해 난도가 높은 킬러 문제에 속한다. 킬러 문제는 평이한 문제들에 비해 시나리오가 길 수밖에

없다. 하지만 주어진 정보를 파악하고, 파악한 정보를 바탕으로 식을 세우고, 식을 세워서 답까지 연결하는 3단계의 과정은 모든 문제 풀이에 똑같이 적용된다. 이를 바탕으로 대략적인 시나리오를 그려보자.

1단계: 문제를 읽을 때 주어진 정보를 정확히 파악해야 한다. 좋은 예는 '(가) 조건에는 $f$와 $g$의 관계식을 기울기와 엮어서 주고 (나)와 (다)는 함수를 확정 지을 조건이네'라고 생각하는 것이다. 나쁜 예는 수식들의 의미를 파악하지 못한 채 글자만 읽는 것이다.

2단계: 파악한 정보를 바탕으로 식을 세울 시나리오를 그린다. 좋은 예는 '(가) 조건에서 파악한 $g$의 정의를 토대로 (나)를 해석해서 $f$의 값을 하나 찾아야겠다. 그다음에 (다)를 이용해서 $f$에 대한 나머지 식을 찾아야지'이다. 나쁜 예는 일단 보이는 것들을 다 적으면서 식을 세우고, 나온 값도 적다가 우연히 답이 나오는 경우다.

3단계: 식을 세워서 답까지 연결한다. 좋은 예는 '$f$를 완벽히 구하려면 최고차항을 알고 있으니 식이 3개가 더 필요한데, 3개를 찾았으니 이제 계산을 해도 되겠네'이다. 나쁜 예는 이 3단계까지 못 오는 경우다.

킬러 문제라도 차분히 조건을 하나씩 뜯어보면서 시나리오를 그려보면 풀 수 있다. 처음부터 이런 방식으로 공부해야 킬러의 조건까지 파악하는 문제 독해력을 기를 수 있다.

## 🔍 당위성이 있는 풀이가 좋은 풀이다

나는 답지를 보면서 공부하는 것을 별로 좋아하지 않는다. 답지에는 풀이 과정만 적혀 있을 뿐, 왜 그렇게 풀어야 하는지 설명이 안 되어 있기 때문이다. 풀이 과정에 당위성이 있어야 긴장되고 급박한 시험 상황 속에서도 일관된 태도를 유지할 수 있다.

지금 당장 자신이 가장 최근에 푼 수학 문제를 꺼내보자. 그리고 모든 풀이 과정을 설명할 수 있는지 확인해 보자. 풀이에 이렇다 할 이유가 없다면 그것이 당위성이 없는 풀이이고, 시험 당일 컨디션에 따라서 풀 수도, 못 풀 수도 있는 문제가 된다. 따라서 연습이든 실전이든 한 줄, 한 줄 전부 이유가 있는 풀이를 찾으려 부단히 노력해야 한다.

어떻게 풀이에 당위성을 부여할 수 있을까? 바로 '문제의 목적'에 집중하면 된다. 실제 문제들을 살펴보자.

**12.** 실수 전체의 집합에서 연속인 함수 $f(x)$가 모든 실수 $x$에 대하여

$$\{f(x)\}^3 - \{f(x)\}^2 - x^2 f(x) + x^2 = 0$$

을 만족시킨다. 함수 $f(x)$의 최댓값이 1이고 최솟값이 0일 때, $f\left(-\dfrac{4}{3}\right) + f(0) + f\left(\dfrac{1}{2}\right)$의 값은? [4점]

① $\dfrac{1}{2}$   ② 1   ③ $\dfrac{3}{2}$   ④ 2   ⑤ $\dfrac{5}{2}$

앞서 봤던 12번 문제다. 이 문제의 목적은 $f$의 함숫값, 즉 $f(x)$를 구하는 것이다. $f$의 개형을 하나로 확정 짓기 위해서는 $f(x)$를 양함수 꼴로 표현해야 된다. 이런 목적을 갖고 인수분해를 떠올리면, 목적이 존재하기 때문에 당위성이 부여된다.

**14.** 두 양수 $p$, $q$와 함수 $f(x) = x^3 - 3x^2 - 9x - 12$에 대하여 실수 전체의 집합에서 연속인 함수 $g(x)$가 다음 조건을 만족시킬 때, $p+q$의 값은? [4점]

(가) 모든 실수 $x$에 대하여 $xg(x) = |xf(x-p) + qx|$ 이다.
(나) 함수 $g(x)$가 $x = a$에서 미분가능하지 않은 실수 $a$의 개수는 1이다.

① 6   ② 7   ③ 8   ④ 9   ⑤ 10

14번 문제의 풀이 목적은 무엇일까? 바로 '$p$, $q$가 어떤 조건을 만족시켜야 (나)가 성립하는지 찾는 것'이다. 이때 (나)는 $g(x)$에 관한 조건이므로, (가)의 식을 해석할 때 $g(x)$의 관점에서 접근하는 것이 당위성이 있는 풀이다.

흩뿌려진 조건들을 하나의 함수로 모으는 것이 여러모로 편하다. 그렇다면 (가)의 좌변에 $x$가 곱해져 있기 때문에 양변을 $x$로 나누고 싶다(단, $x$는 0이 아니다). 마침 우변의 절댓값 안이 $x$로 묶이므로 (가)는 결국 $g$를 구간별로 함수로 정의한 식이었다. 이 일련의 과정에서 의미가 없는 풀이는 단 한 줄도 없었다. 단지 당위성 있는 풀이를 이어왔을 뿐인데, 정답의 코앞까지 왔다. 다음은 절댓값과 미분가능성의 관계를 이용해서 계산을 마무리하면 된다.

설명한 풀이 방식을 보면 알겠지만, 이유가 있는 풀이를 반복하면 결국 익숙한 형태로 바뀌어 있다. 즉, 문제를 싸고 있는 껍데기를 벗기고 핵심을 찾아낸 것이다. 이 과정을 반복하다 보면, 결국 모든 수학 문제는 기출의 아이디어를 그대로 사용했다는 점을 알 수 있다.

수학 기출은 두 가지 측면에서 중요하다. 첫째, 평가원은 대부분 당위성 있는 풀이로 풀리는 문제만 출제한다. 따라서 기출로, 목적을 유지하면서 문제를 푸는 태도를 연습하기 좋다. 둘째, 앞으로 나올 모든 문제의 아이디어가 기출에 담겨 있다. 수능은 오랜 기간 다양한 유형으로 문제를 출제했기 때문에, 이미 핵심 아이디어는 전부 다루었다. 앞으로 우리가 볼 문제에 사용될 아이디어는 기출에서 적어도 한 문제 이상에 적용된 아이디어라고 보면 된다.

따라서 수학 기출은 이 두 가지 목적만 달성하면, 국어 기출만큼 반복할 필요는 없다. 이후에는 새로운 N제들을 풀면서 습득한 태도와 아이디어를 문제 풀이에 적용하는 연습을 하면 된다.

## 🔍 동치 조건으로 바꿔라

마지막으로 사소하지만 많은 수험생들이 간과하는 태도를 짚고 넘어가겠다. 바로 각 조건을 필요충분관계에 있는 조건, 즉 동치로 바꾸는 것이다. 이 태도는 조건이 많아지고 문제 구조가 복잡한 문제일수록 중요하게 작용한다. 간혹 '실수로 조건을 빼먹었다'라고 말하는 학생들이 있다. 조건을 빼먹는 것은 단순한 실수가 아니다. 실력 중에서도 중요한 축에 속하는 실력을 갖추지 못한 것이다.

언제나 순서대로 조건을 해결하면서 문제를 풀면 좋겠지만 문제를 풀다 보면 왔다 갔다 하면서 필요한 조건을 놓치기도 한다. 조건을 놓치지 않기 위해서는 각 조건을 동치 조건으로 바꿔서 해석하고 넘어가는 과정이 필요하다.

---

**21.** 다음 조건을 만족시키는 모든 삼차함수 $f(x)$에 대하여 $\dfrac{f'(0)}{f(0)}$의 최댓값을 $M$, 최솟값을 $m$이라 하자. $Mm$의 값은?

[4점]

> (가) 함수 $|f(x)|$는 $x=-1$에서만 미분가능하지 않다.
> (나) 방정식 $f(x)=0$은 닫힌 구간 $[3,5]$에서 적어도 하나의 실근을 갖는다.

① $\dfrac{1}{15}$   ② $\dfrac{1}{10}$   ③ $\dfrac{2}{15}$   ④ $\dfrac{1}{6}$   ⑤ $\dfrac{1}{5}$

---

위 21번 문제에서 (가) 조건은 기출에서 많이 사용된 절댓값과 미분가능성에 관한 조건이다. 절댓값 안의 함수가 다항함수라면, 접하지 않으며 $x$축과 만나는 지점만이 미분가능하지 않다. 이 사실을 알고 있는 학생이 (가) 조건을 '$f(x)$는 −1에서 $x$축과 접한다'라 해석하고 (나) 조건으로 넘어간다면, 이게 과연 옳은 풀이일까? $x=-1$에서 미분가능하지 않다는 조건만 이용했지, 그 점을 제외하고는 다른 점들에서는 미분가능하다는 조건은 아직 사용하지

않았다. 즉, 주어진 조건을 전부 활용하지 않고 넘어간 것이다.

이 문제는 조건들이 비교적 간단하기 때문에 (가) 조건을 동치 조건으로 해석하지 않았어도 금방 인지하고 다시 돌아올 수 있다. 하지만 조건이 더 복잡하고 난도가 높은 문제일수록 어떤 조건을 활용하지 않았는지 파악하기 훨씬 어려워진다. 당연한 말이지만, 문제에서 주어진 조건을 전부 활용하지 않으면 답을 구할 수 없다. 이 문제의 (가) 조건을 동치 조건으로 해석하기 위해서는 $x=-1$ 이외의 점들에서 $x$축과 접하거나 만나지 않는, 즉 $f(x)$를 $(x+1)$로 묶었을 때 남는 이차식의 판별식이 0 이상이라는 조건까지 같이 파악했어야 한다.

시험장에서 어느 정도 문제를 풀긴 했지만 딱 하나의 조건을 동치 조건으로 해석하지 못한 채 넘어갔다고 해보자. 거의 답을 구했다는 생각에 그 문제를 계속 붙잡고 있을 것이다. 하지만 한 번 놓친 조건을 다시 파악하기는 쉬운 일이 아니다. 설령 다시 파악한다고 하더라도 많은 시간이 소요된다. 결국 시간 분배에도 실패하고, 그 문제마저도 틀리게 된다. 굉장히 많은 학생이 시험장에서 겪는 일이지만 단순 실수라고 치부하고 다음에는 더 집중해야겠다는 다짐만 한다. 다시 한번 말하지만, 이건 실수가 아니고 실력이다.

적어도 이 책을 본 독자만큼은 모든 조건을 동치 조건으로 해석했다는 확신을 가진 뒤에, 다음 조건으로 넘어가도록 노력하자. 나도 처음에는 어려웠던 과정이었다. 그래서 익숙해지기 전까지는 (가) 조건에서 (나) 조건으로 넘어가고 싶은 마음이 드는 바로 그 순간, '내가 (가) 조건을 정말 다 해석했나?'를 되짚었다. 이 습관은 곧 조건을 해석하는 능력과도 연관되기 때문에, 문제 풀이 단계부터 꼭 습관을 들이길 추천한다.

특히나 '역함수를 갖는다', '증가하는 함수~' 등 조건이나 식이 아닌 글로 조건을 제시하는 경우에 동치 조건으로 해석하는 것을 많이 놓친다. 우리는 이런 조건까지 완벽히 연습해서 실력을 한 단계 더 업그레이드시키도록 하자.

# 04

# 결국 수학 공부는
# 양으로 승부한다

## 🔍 수학 공부에 필요한 중요한 자세

어느덧 문제를 보면 시나리오를 그리고 목적이 있는 풀이를 하고 있다면, 수학 공부에서 가장 중요한 태도를 얻은 것이다. 단순히 틀린 문제를 어떻게 푸는가에 집중하는 것이 아니라, 그 풀이를 생각하기 위한 태도, 풀이의 당위성, 풀이에 담긴 개념 등을 중심으로 공부했을 때 실력이 향상됨을 느낄 것이다. 이때 방향성을 잘 잡았다고 하더라도, 결국 공부는 양이 뒷받침되어야 한다는 점을 기억하자.

그 이유에는 여러 가지가 있다. 우선 시나리오를 많이 그려봐야 문제 독해력이 높아진다. 여러 번 반복해야 문제의 구조가 보이기 시작하고, 처음 보는 문제도 곧바로 계획을 짤 수 있다. 수학은 어떻게 푸는지 알고 있다고 누구나 답을 낼 수 있는 과목이 아니다. 그 사이에 계산이라는 과정이 있으며, 이 계산 실력은 직접 해본 경험과 비례한다.

만약 계산을 자주 틀리거나 과정에서 막힌다면 절대적인 계산 공부의 양이 부족한 것이다. 어려운 문제로 갈수록 푸는 방법은 대략 알 것 같아도 계산할 엄두가 안 나서 문제를 포기하는 경우도 종종 있다.

여러 가지 상황을 접하는 것에도 의의가 있다. 당연히 여러 조건을 접해본 사람이 상황에 따라 유연하게 조합할 수 있고, 해석하는 속도도 빠르다. 또한 다양한 문제를 풀면서 관점을 넓혔을 때 당위성의 범위도 함께 넓어진다. 나 같은 경우에는 '대칭성'이 그러했다. 처음 기출 문제에서 막히고 강의를 들었을 때, 강의 시작부터 '이 함수의 대칭성이 바로 보이죠?' 하고 풀이를 시작하는 경우가 많았다. 하지만 내게는 그 대칭성이 보이지 않았고, 발상적인 풀이라고 느껴졌다. 이후 내가 실제로 문제를 풀며 내공이 쌓이자 함수에서 대칭성을 먼저 확인하는 과정은 당위성이 있는 풀이라는 걸 깨달았다.

이처럼 문제 풀이의 절대적인 양이 누적되어야만 보이고 납득이 가능한 지점이 분명히 있다. 따라서 처음부터 모든 것을 이해하고 당위성을 부여하려고 집착할 필요는 없다. 그 문제만 붙잡는다고 안 보이던 당위성이 갑자기 보이지는 않기 때문이다. 차라리 간단히 표시해 놓고, 어느 정도 수학 내공이 쌓였을 때 다시 돌아와서 그 문제를 풀어보기를 추천한다.

처음부터 개념의 기반을 제대로 다져놓아야 하는 이유가 바로 여기 있다. 개념을 제대로 다지지 않는다면 부족한 부분을 발견했을 때 튼튼하지 못한 기반 때문인지, 문제 풀이 양이 부족하기 때문인지 진단할 수 있는 방법이 없다. 수학은 개념을 완벽히 알고 있어야 한 번씩 막혔을 때 자신에 대한 믿음을 바탕으로 앞으로 밀고 나아갈 수 있다.

다른 과목은 몰라도 특히 수학은 양이 꼭 뒷받침되어야 한다. 수학 과외 학생들에게 핵심 태도를 다 가르치고 난 다음 가장 많이 하는 말은 '문제 많이 풀어'이다. 나는 고등학교 3학년 1년 동안 수학 문제집을 50권 넘게 풀고, 실전 모의고사도 150개 가까이 풀었다. '이 정도는 풀어야 한다'와 같은 기준은 없지만, 그만큼 양이 중요하다는 말이다. 올바른 태도가 장착됐다면, 수학에서 대부분의 고민은 문제를 푸는 양이 해결해 준다고 봐도 무방하다.

그러므로 공부 시간에서 수학이 큰 비중을 차지해야 하는 것은 당연하다. 3월까지는 기본 강의와 더불어 교육청과 경찰대, 사관학교 문제 등을 포함한 기출 문제를 모두 풀어보기를 권한다. 가능하면 11월부터 시작해서 본격적으로 강의를 들을 1월 초반까지 끝내는 것이 베스트다.

이 기출 문제들은 난도도 다양하고, 계산이 복잡한 문제들도 있을 텐데, 수학 체력을 높이는 데에 큰 도움이 된다. 내가 말하는 수학 체력이란, 지난한 계산 과정을 끝까지 끌고 나갈 체력과 30문제를 푸는 동안 시나리오를 그리며 적극적으로 생각할 수 있는 체력을 뜻한다. 꽤나 지루하고 오래 걸리겠지만 이 과정을 거친 사람과 안 거친 사람의 실력은 천지 차이다.

3월부터 9월까지는 시중의 사설 N제들을 닥치는 대로 풀면 된다. 난도, 강사, 퀄리티 등에 신경 쓰지 말고 유명한 N제는 모두 풀면 된다. 나는 이 시기에 시나리오를 그리고 문제를 푸는 것을 연습하면서 50권에 가까운 N제들을 풀었는데, 실력이 미친 듯이 늘었다.

9월 이후로는 실전 모의고사 위주로 공부하는 것을 추천한다. 중하위권은 일주일에 2~3개를 풀며 사설 N제를 병행하고, 상위권은 풀 수 있는 만큼 풀면 된다. 나는 수능이 다가올 때쯤에는 하루에 하나씩 풀었다. 실전 모의고사의 가장 큰 장점은 시간 관리 연습과 긴장감 속에서 문제를 푸는 연습을 할 수 있다는 것이다. 막힌 문제를 넘기는 연습도 할 수 있고, 전 범위 문제를 공평하게 풀어볼 수도 있다. 또한 최소 100분은 집중력을 끌어올린 상태를 유지할 수 있고, 실수했을 때 좀 더 경각심을 느낄 수 있기에 반드시 직접 풀어보길 추천한다.

## 🔍 구하는 것에 집중해야 답이 보인다

수학에서 실수는 언제나 골칫덩어리다. 실컷 어려운 문제를 풀었어도, 단순한 실수 때문에 점수가 훅 떨어지는 일이 비일비재하다. 아무리 평소에 좋은 실력을 만들어놓아도 시험에서 매번 실수가 발목을 잡는다면 소용이 없다. 안정적인 점수를 만들기 위해서는 실수를 최대한 줄여야 한다.

'문제를 풀 때 더 집중해라', '정신을 똑바로 차리고 풀어라' 등의 조언은 사실 큰 도움이 안 된다. 시험 시간에 일부러 집중을 덜 하는 학생은 없다. 실수를 해결할 수 있는 유일한 방법은 뇌가 그 실수를 여러 번 경험하게 하는 것이다. 경각심을 유지한 채 실수를 경험하면, 새로운 문제를 풀 때 '이 상황은 내가 예전에 실수했던 상황과 비슷한데? 조심해야겠다'라는 생각이 저절로 든다. 한 번 인지한 것만으로도 많은 실수가 예방된다. 따라서 수능 전까지 최대한 많은 문제를 풀면서, 자신이 할 수 있는 다양한 실수를 미리 경험해 보자.

단순 계산 실수도 마찬가지다. 예를 들어, 더하기나 나누기, 분수 간의 계산 등 말도 안 되는 간단한 계산도 '이 계산을 조심해야겠다'라고 인지한다면 예방할 수 있다. 나는 분수의 계산에서 실수가 굉장히 많은 편이었다. 자신이 어떤 계산과 상황에서 실수를 많이 하는지 구분하는 메타인지가 필요하다.

그렇다고 시험장에 들어가기 전 무한정 실수를 할 수는 없다. 그래서 실수를 경험했다고 뇌를 '속이는' 과정이 필요한 것이다. 그 과정은 바로 '기록과 복습'이다.

방법은 간단하다. 만약 어떤 문제를 풀면서 실수했다면, 노트에 간단한 문제 상황과 함께 실수한 내용을 적는다. 이때 중요한 점은 문제와 실수를 매우 간단히 기록하는 것이다. 그리고 자투리 시간에 이 오답 노트를 읽으며 문제 상황을 머릿속으로 떠올리고 그 실수를 했다고 상상한다. 이 과정을 거치면 실제 실수를 한 것과 비슷한 각성 효과를 낼 수 있다.

사람마다 특정 실수가 고쳐질 때까지 필요한 반복 횟수가 다르다. 어떤 사람은 한 번의 실수만으로 빠르게 인지할 수 있고, 어떤 사람은 여러 번 실수를 거쳐야 비로소 인지할 수 있다. 일단 한 번이라도 실수를 했다면 소개한 방법으로 기록해 두고 잊지 않도록 꾸준히 복습해 주어야 한다.

나는 실수 노트에 단 한 번이라도 저지른 실수는 전부 기록했다. 수능일 쯤에는 150개의 실수 항목이 적혀 있었다. 연습할 때 실수하는 것을 두려워할 필요는 없다. 오히려 실수를 많이 하기를 기대해야 한다. 그래야 실제 시험장에서 할 실수를 예방할 수 있다.

5장

수능 영어는 1등급이

아니면 무의미하다

# 수능 영어
# 공부의 특징

## 🔍 나한테 맞는 단계부터 시작하라

수능 영어는 국어와 굉장히 비슷한 면이 많다. 같은 언어 과목이기 때문에, 요구하는 사고 과정이 크게 다르지 않다. 실제로 국어 실력이 늘면서 영어 실력도 같이 느는 사례도 정말 많다. 다만 영어 어휘나 구문 공부가 추가적으로 필요하긴 하다.

영어 공부의 순서는 ① 어휘, ② 구문 해석, ③ 지문 독해, ④ 문제 풀이라고 보면 된다. 어휘를 모르면 구문 해석이 어렵고, 구문 해석이 안 되면 지문 독해도 어렵기 때문이다. 이전 단계의 기초가 탄탄해야 그다음 단계의 공부가 의미 있는 과목이 바로 영어다.

따라서 영어 공부는 내가 지금 어느 단계에 있는지 인지하는 데서 시작한다. 평이한 난도의 지문을 읽어봤을 때, 어휘를 몰라서 해석이 안 되는지, 문장 해석이 안 되는지, 지문의 주제를 파악하지 못하는지, 선지를 못 골라내는지를 점검한 뒤 단계에 맞는 공부부터 시작해야 한다.

아래는 2025학년도 수능의 빈칸 추론 문제다. 먼저 풀어보자.

---

**33.** We are famously living in the era of the attention economy, where the largest and most profitable businesses in the world are those that *consume* my attention. The advertising industry is literally dedicated to capturing the conscious hours of my life and selling them to someone else. It might seem magical that so many exciting and useful software systems are available to use for free, but it is now conventional wisdom that if you can't see who is paying for something that appears to be free, then _____.
Our creative engagement with other people is mediated by AI-based recommendation systems that are designed to trap our attention through the process that Nick Seaver calls *captology*, keeping us attending to work sold by one company rather than another, replacing the freedom of personal exploration with algorithm-generated playlists or even algorithm-generated art. [3점]

① all of your attention has already been spent
② the real product being sold is you
③ your privacy is being violated
④ the public may be sponsoring you
⑤ you owe the benefits to your friend AI

---

만약 위의 지문을 읽으면서 'consume', 'dedicated', 'conscious', 'conventional', 'engagement' 등의 단어를 몰랐다면 어휘 공부가 시급한 상태다.

단어의 뜻은 알고 있지만 "It might seem magical that so many exciting and useful software systems are available to use for free, but it is now conventional wisdom that if you can't see who is paying for something that appears to be free, then~"과 같은 문장이 해석되지 않는다면 구문 해석 공부가 필요한 단계다.

각 문장별 해석은 되지만 지문 전체 주제를 파악하지 못했다면 지문 독해 공부가 필요한 단계이고, 주제까지도 알았는데 답을 틀렸거나 감으로 골랐다면 문제 풀이 공부가 필요한 단계다. 참고로 이 지문의 주제는 "무료 서비스들은 겉으로는 무료로 보이지만 실질적으로는 우리의 관심이 대가다"이기 때문에, ②가 정답이다.

이처럼 영어는 본인의 실력부터 먼저 파악하고 공부를 시작하는 것이 가장 중요하다. 보통 인강들의 커리큘럼도 구문 해석, 지문 독해, 문제 풀이 순으로 구성되어 있기 때문에 자신에게 맞는 강의부터 들면 된다.

강의를 들으며 해야 할 일은 기출 문제에 직접 적용해 보는 연습이다. 영어는 절대평가이기 때문에 꼭 N제까지 풀 필요는 없다. 다만 수능이 가까워졌을 때 실전 모의고사는 꼭 풀어보기를 추천한다.

## 🔍 영어 공부를 하루의 루틴으로 만들자

영어는 언어 과목이기 때문에 꾸준히 공부하는 것이 기본이다. 절대평가라는 과목의 특성상 하루이틀만 공부를 안 해도 머릿속에서 휘발될 것이다.

따라서 영어 루틴을 만드는 걸 우선순위로 두면 좋다. 나는 점심 식사 직후 30분에서 1시간은 무조건 영어 공부하는 시간으로 정해놨다. 이런 방식으로 일과와 붙여놓으면 자연스럽게 루틴이 되고, 영어 공부를 미루거나 빼먹는 일이 없어진다.

여담이지만 나도 원래 영어를 공부하고 싶을 때만 하는 안 좋은 습관이 있었다. 점심 식사 직후에는 보통 낮잠을 자곤 했다. 그런데 6월 모의고사에서 영어 시험 시간에 졸고 있는 내 모습을 발견하고 깜짝 놀랐다. 원래의 루틴대로라면 수능 때도 졸릴 수 있을 것 같아, 그 후로 4시 이전에는 낮잠을 자지 않고 점심에는 무조건 영어 공부를 하는 루틴을 만들었다.

영어는 국어나 수학에 비해서 요구하는 사고의 깊이가 비교적 얕기 때문에 익숙해지면 비교적 성적을 쉽게 올릴 수 있다. 당장 영어 성적이 낮다고 영어에 너무 많은 시간을 투자하지 말자. 하루에 딱 30분에서 1시간, 꾸준히 투자하는 것이 더 강력한 방법이다. 영어보다는 국어와 수학에 더 많은 시간을 투자하는 것이 맞다.

# 효과적인
# 영어 단어 암기법

## 🔍 영단어는 마지막까지 잡고 가라

영어 공부의 기본은 단어다. 아무리 독해력이 뛰어난 사람이라도 단어의 뜻을 모른다면 단 한 문장도 해석할 수 없다. 따라서 1등급이 나올 것 같다는 확신이 들기 전까지는 단어를 꾸준히 외우는 것이 중요하다. 단어 암기는 책상에 앉아 공부하는 시간보다 이동 시간이나 식사 시간 같은 자투리 시간을 활용하면 좋다.

영단어 외우기는 상당히 귀찮고, 재미도 없기 때문에 손이 잘 가지 않는 공부 중 하나다. 하지만 꼭 해야 하기 때문에, 어느 정도 강제성을 부여하길 추천한다. 나는 상반기까지는 매주 일요일마다 지금까지 외웠던 단어들을 전부 복습하는 '누적 복습 시간'

을 가졌다. 매주 스스로 테스트를 하거나 누적 복습을 하는 등 강제적인 장치를 만들어놓는 것이 꾸준한 단어 공부에 도움이 되었다.

단어장은 수능에 출제될 난도의 단어장이라면 무엇이든 상관없다. 직접 EBS 교재나 평가원 기출 지문에 나온 단어들을 정리해서 암기해도 무방하다. 단, 단어가 활용된 문장도 같이 볼 수 있도록 반드시 예문이 있는 교재여야 한다.

가장 많이 하는 실수가 단어의 철자와 뜻만 외우는 것인데, 이렇게 하면 정작 실제 지문에서 단어의 뜻이 생각나지 않을 확률이 높다. 문장에서 단어가 어떻게 활용되고, 어떤 역할을 하는지 함께 봐야 한다. 제일 좋은 것은 단어의 품사까지 같이 암기하는 것인데, 이게 어렵다면 예문이라도 꼭 같이 읽자.

예문을 통째로 암기할 필요도 없다. 먼저 철자와 뜻을 어느 정도 암기해 주고, 예문을 소리 내어 읽기만 하면 된다. 그냥 읽는 것보다 입으로 말하며 읽으면 기억에 더 오래 남는다.

한 번에 오랜 시간을 투자하는 것보다, 짧은 시간을 여러 번 투자하는 것이 낫다. 많은 단어를 한꺼번에 외우고 복습을 하지 않으면 기억에 남아 있는 단어가 거의 없을 것이다. 영단어암기는 책상에 앉아 있는 시간을 할애하기보다는 이동 시간이나 밥 먹는 시간 등 자투리 시간을 활용하기를 추천한다.

## 🔍 에빙하우스의 망각 곡선을 활용한 영어 공부

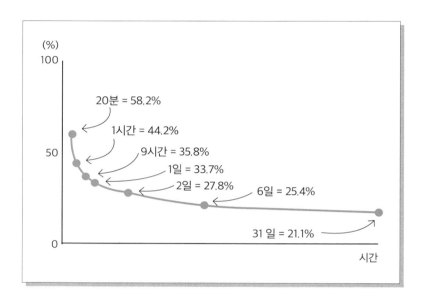

어디선가 한 번쯤 에빙하우스의 망각 곡선을 본 적이 있을 것이다. 첫 암기를 시작한 후 20분이 지나는 시점부터 망각이 시작되어 일주일 정도가 지나면 거의 대부분의 내용을 까먹는다는 이론이다.

따라서 망각이 심화되기 전, 1일, 3일, 일주일, 한 달 등의 적당한 간격으로 암기한 단어들을 계속 복습해야 한다. 주기에 따라 복습하기 번거롭다면, 나처럼 누적 암기를 해주면 된다.

다시 정리하자면, 먼저 단어의 철자와 뜻을 적당히 암기한 후 예문을 소리 내 읽으면서 외운다. 일주일에 한 번은 테스트나 백지 복습을 하는 것이 좋고, 이미 외웠던 단어도 적절한 주기로 반복해서 복습해야 한다.

여기서 팁을 하나 주자면 단어의 생김새를 바탕으로 공통점과 차이점에 초점을 두어 암기하면 더 오래 기억할 수 있다. 영어도 한국어와 마찬가지로 접두사와 접미사가 있어서, 비슷한 생김새의 단어는 비슷한 의미를 가지는 경우가 많다. 공통점과 차이점이 있는 항목들을 서로 비교, 대조하며 읽는 것이 정보처리 측면에서 훨씬 수월하다.

예를 들어 'contra-'는 '반대의'라는 의미를 가진 접두사다. 따라서 contradict(모순되다), contrast(대조), contrary(반대의) 등의 단어들을 묶어서 외우면 훨씬 오래 기억할 수 있으니 꼭 활용해 보자. 공부하는 단어장에 유의어와 반의어도 같이 표시되어 있다면, 그 단어들도 묶어서 암기하는 것이 더 효율적이다.

# 독해 공부는 꾸준함이다

## 🔍 영어는 감에 의존해 푸는 게 아니다

　단어와 구문에 어느 정도 익숙해졌다면 독해 공부를 시작하자. 평균적으로 수능 지문의 문장 절반 이상을 해석할 수 있다면, 독해 공부를 시작하고 단어와 구문 공부는 병행하면 된다. 아무리 영어를 잘해도 수능 시험지에서 모르는 단어가 나올 수 있기 때문에, 꼭 단어와 구문을 완벽하게 만든 후에 독해 공부를 시작할 필요는 없다.

　독해 공부는 국어 독서 공부와 비슷한 면이 많다. 다만 국어보다 지문의 길이가 짧아 글의 흐름 전환 없이 핵심 흐름만 서술되기 때문에, 해석만 가능하다면 훨씬 쉽다. 행간의 의미를 통해 글의 주제를 정확히 파악하는 것이 빈칸 추론 문제이고, 접속사와 맥락에 따라 다음에 나올 내용을 예측하는 것이 순서/삽입 문제라고 보면 된다.

영어 강의는 자신의 수준에 맞춰서 수강하면 된다고 했다. 다만 문제 풀이 강의는 간단하게라도 수강하기를 추천한다. 답을 고를 때 객관적인 기준을 가지고 있는 것과 없는 것은 시험장에서 큰 차이를 보이기 때문이다. 평소에 안정적으로 1등급을 받는 학생이라도 답을 고를 때 객관적인 기준이 아니라 감에 의존한 경험이 있다면 언제든지 무너질 수 있다. 객관적인 기준을 가지려면 기출을 혼자 보면서 공부하는 것보다 강사들의 기준을 습득하는 것이 훨씬 효율적이다. 초반 2~3개 강의만 들어도 어떤 기준인지 대략 감이 잡힐 것이다.

영어는 절대평가라서 그런지 몰라도 많은 학생이 조금 안일한 태도로 감에 의존해 문제를 푸는 경향이 있다. 하지만 영어에서 좋은 등급을 받는다면 입시에서 기회의 문이 굉장히 넓어진다는 사실을 잊으면 안 된다. 모든 과목이 그렇겠지만 영어 공부를 소홀히 한 학생들은 영어 반영 비율이 높은 대학에 지원하지 않기 때문에, 상대적으로 경쟁률이 낮다. 하루에 30분에서 1시간의 공부량은 꾸준히 유지하도록 하자.

## 🔍 기출을 1순위로 두고 공부하라

　공부하는 자료는 기출이 1순위다. 문제 풀이의 기준을 제시하는 자료도 기출이고, 영단어도 수능에 자주 출제된 단어가 중요하다. 예전과 다르게 영어 EBS는 연계 체감의 정도가 매우 떨어졌기 때문에, EBS 공부를 한다고 큰 도움을 받지는 못할 것이다. EBS는 꾸준히 풀 수 있는 문제집 정도라고 생각하면 된다.

　기출을 1회독 했다면, 굳이 사설 문제까지 풀 필요는 없다. 평가원 기출 중에서 어려웠던 문제들을 계속 반복하면서 문제 풀이 기준을 확립하고, 구문과 어휘 위주로 공부하면 된다. 9월 모의고사 이후에는 시간 관리를 위해 실전 모의고사 몇 개 정도는 풀어두면 좋다.

　구문과 어휘가 뒷받침되었다는 전제하에, 영어는 국어 공부의 축소판이라고 볼 수 있다. 영리한 학생이라면 국어에서 배운 내용을 영어에도 그대로 적용할 수 있다. 다시 한번 강조하지만, 영어 구문과 어휘는 꾸준함이 생명이다. 강의를 통해서 문제 풀이의 객관적인 기준을 잡은 뒤에 기출로 연습해 보면 도움이 될 것이다.

# 핵심 주제를 찾는
# 가장 쉬운 방법

## 🔍 대비되는 개념을 찾아라

누구나 한 번쯤 들어봤을 유명한 구문이 있다. 바로 "Not only A, But also B"이다. "A뿐만 아니라 B"라는 의미로, 전체적으로 보면 B 개념을 강조하는 역할을 한다. 국어에서 강조하기 위해 "~가 아니라"라는 구절을 삽입하는 원리와 똑같다. 반대되는 개념을 제시하면 우리는 자연스럽게 대비되는 개념에 집중하게 된다.

수능 영어에서 "Not only A, But also B"는 자주 나오는 구문 이상의 의미를 갖는다. 지문 전체가 이 구조로 이루어져 있는 경우가 많다. 글의 주제에 해당하는 내용을 B라고 하면, 그 주제를 강조하기 위해 대비되는 내용 A를 삽입하는 것이다. 이를 통해 지문에서 정말로 강조하고 싶은 주제는 B라는 것을 쉽게 눈치챌 수 있다.

물론 모든 지문에 들어맞는 황금 같은 치트키도 아니고 수능에서만 통하는 엄청난 스킬 같은 독해법도 아니다. 글을 쓰는 과정을 생각하면 자연스러운 흐름이다. 너무 맹목적으로 이 구문을 찾을 필요는 없지만, 머릿속에서 인지하고 있다면 남들보다 쉽게 글의 핵심 주제를 찾을 수 있다.

다음 문제는 25학년도 수능 영어의 24번 문제다. 대비되는 개념 A와 B를 찾으면서 지문을 읽어보자.

---

**24.** 다음 글의 제목으로 가장 적절한 것은?

The selfie resonates not because it is new, but because it expresses, develops, expands, and intensifies the long history of the self-portrait. The self-portrait showed to others the status of the person depicted. In this sense, what we have come to call our own "image" — the interface of the way we think we look and the way others see us — is the first and fundamental object of global visual culture. The selfie depicts the drama of our own daily performance of ourselves in tension with our inner emotions that may or may not be expressed as we wish. At each stage of the self-portrait's expansion, more and more people have been able to depict themselves. Today's young, urban, networked majority has reworked the history of the self-portrait to make the selfie into the first visual signature of the new era.

---

① Are Selfies Just a Temporary Trend in Art History?
② Fantasy or Reality: Your Selfie Is Not the Real You
③ The Selfie: A Symbol of Self-oriented Global Culture
④ The End of Self-portraits: How Selfies Are Taking Over
⑤ Selfies, the Latest Innovation in Representing Ourselves

지문은 첫 문장에서부터 대비 개념을 제시한다. 직접적으로 "not A but B" 구문을 사용했고 셀피(selfie)가 완전히 새롭기 때문에(A) 공명하는 것이 아니라, 기존의 자화상 역사를 발전시켜 확장된 방식(B)으로 표현하기 때문이라고 말한다. 그다음 문장들은 어떻게 자화상이 확장되었는지에 대한 내용으로, B를 뒷받침한다.

따라서 첫 문장에서 대비되는 개념을 곧바로 A와 B로 나눴다면, "셀피는 자화상을 발전시킨 방식이다"가 주제임을 즉시 파악해 ⑤를 정답으로 고를 수 있다. 그 뒤의 문장은 훑어보면서 주제가 크게 반전되지는 않는지 가볍게 확인하면 된다.

다음은 25학년도 수능 영어 33번 빈칸 추론 문제다. 다시 한번 풀어보자.

**33.** We are famously living in the era of the attention economy, where the largest and most profitable businesses in the world are those that *consume* my attention. The advertising industry is literally dedicated to capturing the conscious hours of my life and selling them to someone else. It might seem magical that so many exciting and useful software systems are available to use for free, but it is now conventional wisdom that if you can't see who is paying for something that appears to be free, then _____.
Our creative engagement with other people is mediated by AI-based recommendation systems that are designed to trap our attention through the process that Nick Seaver calls *captology*, keeping us attending to work sold by one company rather than another, replacing the freedom of personal exploration with algorithm-generated playlists or even algorithm-generated art. [3점]

① all of your attention has already been spent
② the real product being sold is you
③ your privacy is being violated
④ the public may be sponsoring you
⑤ you owe the benefits to your friend AI

위 지문은 빈칸이 있는 문장 앞쪽에 "It might seem A, but it is B"라는 구문을 사용했다. 빈칸에 들어갈 내용, 즉 B에 해당하는 내용이 핵심 주제임을 알 수 있다. "It might seem A, but it is B"라는 구절은 "A처럼 보이지만, 사실은 B이다"라는 의미를 가진다. "not A but B"와 마찬가지로 A를 이용해 B라는 주제를 강조하는 역할을 한다.

길이가 긴 문장을 독해할 때는 같은 의미의 단어를 괄호로 묶어서 간단한 문장 구조로 바꿔보는 것이 좋다. 위의 문장은 지문의 1/3가량을 차지할 만큼 매우 길지만, 문장 구조를 간단히 바꿔보면 "It might seem A, but it is B"라는 구조가 된다. 이런 식으로 지문 구조를 단순화하면 문장 해석이 압도적으로 쉬워진다.

이 지문에서는 A에 해당하는 개념을 "so many exciting and useful software systems are available to use for free"라고 제시했다. 그렇다면 빈칸(B)에 들어가는 내용이 지문의 핵심 주제이며, 동시에 '유용한 서비스가 무료다'라는 내용과 대비되는 내용이라는 것을 파악할 수 있다.

나머지 문장들을 읽어봐도 광고와 무료 서비스를 통해 우리의 관심이 지불된다는 것이 주제다. 따라서 빈칸에는 '사실은 서비스들이 무료가 아니고, 우리 관심이 대가로 지불되고 있는 것이다'라는 내용이 들어가야 한다. 2번의 'you'가 '너의 관심'을 포함하는 비유적 표현으로 해석될 수 있으므로, 정답은 ②번이다.

답을 고르는 과정을 다시 살펴보자. 선지의 문장들을 빈칸에 하나씩 넣어보는 것이 아니라, 서술형 문제처럼 빈칸을 먼저 한 글로 채워 넣은 후 선지와 비교하는 것이다. 빈칸 추론 유형은 혼자 공부할 때도 이 순서로 문제를 풀어야 한다. 그 이유는 두 가지가 있다.

첫째, '매력적인 오답'을 피할 수 있다. 고난도 문제일수록 오답 선지에 중요한 키워드를 넣어서 핵심 주제처럼 보이게 만든다. 빈칸에 들어갈 내용을 미리 생각하지 않고 해당 선지를 먼저 본다면 함정에 걸려들 확률이 굉장히 높다.

둘째, 이렇게 공부해야 영어 실력이 빠르게 향상된다. 선지를 빈칸에 하나씩 대입해 보는 것은 실력 향상에 전혀 도움이 되지 않는다. 능동적으로 지문의 주제를 파악하고 맞는 선지를 골라 문장을 구성해 봐야 독해 능력이 오른다.

# 05

# 듣기 문제를
# 종종 틀린다면?

## 🔍 듣기는 보너스다. 무조건 잡고 가자.

    수능 영어에서 점수 격차가 심한 학생들의 대표적인 특징은 꼭 듣기에서 한두 문제씩 틀린다는 것이다. 특히, 몇 점 차이로 아쉽게 1등급을 못 받은 학생들의 시험지를 보면 항상 듣기 문제가 틀려 있다.

    듣기 문제는 빈칸 추론이나 순서 삽입과 같은 유형에 비해서 훨씬 쉽게 점수를 얻을 수 있기 때문에, 안정적으로 1등급을 받기 위해서는 무조건 다 맞혀야 한다. 듣기에서 감점을 당하는 것만큼 아까운 게 없다.

    그런데 대다수의 학생이 이를 그저 단순한 실수로 치부한다.

예전에 어떤 학생은 다른 과목은 전부 최고 점수를 받았는데, 영어 듣기 문제를 틀려서 89점으로 2등급을 받은 적이 있다. 만약 듣기 문제를 맞혔다면 연세대 의대에 갈 수 있는 점수였는데 영어 반영비가 높은 연세대를 못 쓰고 울산대 의대를 갔다. 울산대 의대도 좋은 학교지만, 아마 그 학생은 평생 그때 틀린 듣기 한 문제를 아쉬워하지 않을까 싶다.

영어 듣기를 잘하는 방법은 간단하다. 자주 들으면 된다. 당연한 소리일 수도 있지만, 많이 들을수록 귀에 익어서 시험장에서도 쉽게 들을 수 있다. 내가 가장 추천하는 방법은 이동 시간에 수능 영어 듣기 파일을 다운받아서 매일 듣는 것이다. 이렇게 한 달 정도만 들으면 예전과 들리는 정도가 아예 달라질 것이다. 조금 익숙해지면 시험장에서의 변수를 고려해 1.2배속 정도로 듣는 것도 좋은 방법이다.

듣기 실력이 많이 부족하다면 단순히 자주 듣는 것만으로 해결이 안 될 수도 있다. 그럴 때에는 듣기 공부를 따로 해야 한다. 인터넷에서 수능과 교육청 시험들의 듣기 문제, 파일, 대본까지 찾을 수 있다. 먼저 대본을 복사해서 대목상 중요한 단어를 수정테이프로 지운다. 가능하면 다른 사람에게 부탁해서 대신 지워달라고 하는 것이 좋다. 그다음에, 듣기 파일을 들으면서 문제를 푸는 것이 아니라, 수정테이프로 만든 빈칸을 채워 넣는 연습을 하는 것이다. 이 과정도 익숙해지면 나중에는 대본을 복사할 필요 없이 통째로 받아 적으면 된다. 듣기 자료를 텍스트로 빠르게 받아 적는 연습을 하다 보면, 들으면서 자연스럽게 이해가 될 것이다. 받아쓰기 후 대본과 비교했을 때 이상한 단어를 썼거나 아는 단어인데 받아 적지 못했다면, 단어를 외울 때 발음도 같이 외워야 한다. 아무리 영어 철자를 알고 있어도 실제 발음을 모른다면 들어도 이해가 불가능하다. 예문은 꼭 소리 내어 읽고, 발음을 모르겠다면 전자사전을 적극적으로 이용해서 발음까지 완벽히 숙지하자.

6장

탐구 과목은

이렇게 정복하라

# 01

# 수능 탐구 과목의 선택

## 🔍 흥미를 느끼는 과목을 선택하라

　서울대의 투과목 필수 해제 및 이공계열 학과의 사회탐구 제한 해제로 수험생들의 선택 과목 고민이 늘었다. 학기 초반에 컨설팅을 받으러 오는 학생 중 절반가량이 탐구 과목을 확정 짓지 못한 채로 도움을 청하곤 한다.

　탐구 과목 선택에서는 '자신이 정말 흥미를 느끼는 과목'이 대전제가 되어야 한다. 이 대전제가 표점, 유불리, 선행 등의 요소보다 훨씬 중요하게 작용한다. 스스로 공부할 때 흥미를 느끼니 자연스럽게 손이 더 많이 가고, 공부량이 많아질 수밖에 없다. 더 적극적으로 피드백할 수 있고 중간에 과목을 바꾸는 일도 거의 없다. 흥미 있는 과목을 선택한 학생이 성적이 높은 것은 당연하다.

반면, 유불리를 따져가며 남들이 정해준 과목을 선택한 학생은 좋은 성적을 얻을 확률이 낮다. 재미가 없기 때문에 공부량도 적고, 좋지 않은 결과가 나올 때마다 다른 과목에 힐끔힐끔 눈길을 주기 때문이다. 처음 컨설팅을 할 때는 입시에서 최대한 유리한 과목으로 권유했지만, 선호하는 과목에 따라 열정의 차이가 나는 것을 보고 이제는 학생이 선호하는 과목을 1순위로 추천한다.

사실 입시에서 과목별로 유불리를 따지는 것 자체도 의미가 없다. 왜냐하면 당장 내가 수능을 보는 올해에 과목별 난도가 어떻게 출제될지는 아무도 모르기 때문이다. 매 시험은 독립 시행이기 때문에 지금까지 특정 과목의 표준점수가 잘 나왔다고 올해도 잘 나온다는 보장이 없다. 리스크를 다 감수하고 원래 표준점수가 잘 나오는 과목을 선택했는데, 막상 올해의 수능은 표준점수 꼴등 과목일 수도 있다. 실제로 매년 입시 전문가들이 예측하는 난도와 실제 수능의 난도는 크게 다르다.

따라서 현재 본인이 선호하는 탐구 과목이 2개 있으면, 그 과목을 자신감을 가지고 선택하면 된다. 선호하는 과목이 없는 학생을 위해 대략적인 가이드를 제시한다. 단, 탐구 선택에 정답은 없고, 앞서 말했듯이 난도, 지원자 수, 입학 전형 등 변수에 의해 많은 내용이 매년 바뀐다는 점을 잊지 말자. 꼭 본인이 지원하는 학교의 입학 전형을 지속적으로 확인해 보고, 목표와 함께 다른 과목 상황까지 종합적으로 고려해서 과목을 신중하게 선택하길 바란다.

## 🔍 과학탐구 투과목은 신중히 고려하라

먼저, 과학탐구의 투과목은 추천하지 않는다. 본인이 영재고나 과학고라서 투과목의 내용이 훨씬 친숙하거나, 서울대학교 의대가 유일한 목표가 아니라면, 투과목을 선택할 이유가 없다. 여기에는 두 가지 이유가 있다. 첫 번째 이유는 공부량이 원과목보다 1.5배에서 2배 더 많다는 점이다. 국어와 수학에 사용할 시간을 탐구 공부에 할애해야 한다는 점이 가장 큰 리스크다. 국어와 수학이 매우 탄탄한 학생이 아니라면 투과목과 국어, 수학 전부 애매한 성적을 받을 수 있다.

두 번째 이유는 공부할 수 있는 자료를 시중에서 구하기 힘들다는 점이다. 투과목을 공부하기 위해서 강의나 교재를 조금이라도 찾아본 학생들은 알겠지만, 자료가 거의 없다. 대치동 학원의 자료를 구할 수 있는 학생이라면 상황이 조금 낫겠지만, 기출이 거의 유일한 자료라고 보면 된다.

특히 서울대학교 가산점 때문에 투과목을 고려하는 학생이 많다. 하지만 그 가산점이 의미가 있으려면 투과목을 선택하더라도 최소 1등급은 받아야 하는데, 그 노력과 시간을 국어와 수학에 쏟는다면 훨씬 큰 이득이 아닌지도 고려해 봐야 한다. 국어와 수학 성적이 좋다면, 원과목을 선택해도 서울대학교 의대를 제외한 모든 학과를 갈 수 있다.

표본수의 변수가 적고, 남은 표본들마저 탄탄한 최상위권이기 때문에 가끔 2등급이 아예 안 나오는 등의 상황이 발생하기도 한다. 이런 시험에서 단 한 문제라도 틀린다면 매우 큰 손해일 것이다.

따라서 국어와 수학이 안정적인 1등급이면서, 이미 투과목 내용을 깊게 공부했거나 서울대학교 의대가 목표인 학생에게만 과학탐구 투과목을 추천하고, 다른 학생에게는 아래와 같이 추천한다.

---

**상황별 탐구 과목 추천**

1. 나는 메디컬학과만이 목표다. ➡ 과학탐구

． ． ． ． ． ． ． ． ． ． ． ． ． ． ． ． ． ． ． ． ． ． ． ． ． ． ． ． ． ． ． ．

2. 나는 메디컬학과를 제외한 이공계열이 목표인데, 국어와 수학 공부를 많이 해야 하는 상황이다. ➡ 사회탐구

---

3. 나는 메디컬학과를 제외한 이공계열이 목표인데, 국어와 수
   학이 안정적인 1~2등급이다. ➡ 과학탐구

. . . . . . . . . . . . . . . . . . . . . . . . . . . . . . . . . . . . . . . . . . . .

4. 나는 인문계열이 목표다. ➡ 사회탐구

만약 메디컬학과(의대, 치대, 한의대, 약대, 수의대)가 목표이
고, 재수를 할 각오까지 되어 있다면 과학탐구를 강력히 추천한
다. 알다시피 메디컬학과들은 최상위권 학생들이 지원하기 때문
에 과학탐구에 주는 가산점이 굉장히 크게 작용한다. 목표하는
대학의 모집요강과 작년 입시 데이터를 이용해서 직접 계산해 보
면 확연히 체감될 것이다.

물론 2025학년도 수능처럼 사회탐구의 만점 표준점수가 높다
면 사회탐구를 선택하고도 메디컬학과에 입학한 학생이 나올 것
이다. 하지만 말했듯이 수능은 예측의 대상이 아니기 때문에 매년
그러리라는 보장이 없다. 또한 그 학생이 과학탐구를 선택했다면
합격 점수가 훨씬 높은 학과에 갈 수 있었을 것이다. 한 끗 차이로
합격과 불합격이 갈리는 메디컬학과 입시에서는 과학탐구를 선택
해 합격 확률을 최대한 높이는 전략이 좋다.

하지만 메디컬학과를 제외한 이공계열을 노린다면, 과학탐구에

쓸 시간을 아껴 국어와 수학 성적을 올리는 것이 더 유리하다고 본다. 현재 국어와 수학이 1~2등급이 아니라면, 과학탐구를 공부하는 것보다 국어와 수학 성적을 안정화시키는 것이 우선이다. 또한 비슷한 성적을 받기 위해서는 과학탐구 공부 시간을 사회탐구보다 1.5~2배 정도 더 투자해야 된다. 매일 1~2시간을 국어와 수학에 더 쓸 수 있는 정도다.

가고 싶은 학과의 모집요강을 찾아봤을 때, 사회탐구가 허용되고, 국어와 수학에도 많은 시간을 써야 하는 상황이라면 사회탐구를 추천한다. 반면 국어와 수학이 안정적인 1~2등급이라면, 가산점 및 표준점수의 이득을 위해서 과학탐구를 선택하도록 하자.

과학탐구와 사회탐구 내에서 과목의 선택은, 앞서 말했듯이 선호하는 과목이 1순위다. 만약 과목의 호불호가 없다면, 응시자 수가 많은 과목을 선택하는 것이 좋다. 과학탐구의 경우 지구과학, 생명과학 순이고 사회탐구의 경우 생활과 윤리, 사회 문화 순이다.

# 탐구 공부의
# 올바른 순서

## 🔍 단계별 학습을 강조하는 이유

탐구 공부는 확실히 국어와 수학에 비해서 공부량이 적긴 하지만, 그렇다고 순서 없이 대충 공부해도 되는 것은 아니다. 그럼 어떻게 공부해야 하는가? 탐구 공부는 크게 상반기와 하반기 공부로 나눌 수 있다. 상반기의 목표는 개념과 기출을 완벽하게 학습하는 것이고, 하반기의 목표는 문제 풀이와 실전 연습을 완료하는 것이다.

N수생에 비해 현역 학생은 특히 상반기에 탐구 공부를 할 시간이 굉장히 부족할 수 있다. 학교에서 참여해야 할 활동도 많고, 무엇보다 국어와 수학 공부가 가장 급하기 때문이다. 따라서 상

반기에 탐구 공부를 끝내겠다는 생각보다는, 여름방학 전에 개념과 기출을 완벽하게 보겠다는 생각을 가지는 편이 좋다. 여름방학부터 천천히 시작해서 문제를 풀고 실전 연습을 하면 된다.

과학탐구와 사회탐구 모두 공통적으로 ① 개념 ② 기출 ③ 문제 풀이 ④ 실전 모의고사 순으로 공부하면 된다. 개념 학습은 문제 풀이를 위해 반드시 선행되어야 하는 단계다. 탐구 과목을 처음 공부한다면 수능용 강의를 듣기를 추천한다. 단순히 교재로 보는 것보다 이해가 더 잘되기도 하고, 보통 개념 강의에서 문제 풀이 팁도 어느 정도 알려주기 때문이다. 만약 내신에서 해당 과목을 열심히 공부해서, 남에게 설명해 줄 수 있는 정도라면 강의보다 혼자 복습하는 것이 더 좋다.

어떤 과목이든 오개념이나 구멍이 생기지 않도록 매 수업이 끝난 후 철저히 복습해야 한다. 특히 사회탐구의 경우 개념 학습이 거의 공부의 80%를 차지하기 때문에 더 꼼꼼하게 공부하도록 하자.


## 🔍 월별 탐구 공부 공략법

개념이 잡혔다면 이제 기출 학습의 단계다. 이 단계에서는 기본 강의에서 수강한 개념을 점검하고, 동시에 강의를 통해 배운 문제 풀이 스킬을 직접 적용해 본다. 이때, 모든 개념 강의를 완강하고 기출 학습을 시작하는 것보다 번갈아 가면서 공부하는 것을 추천한다. 예를 들면 개념 1단원 → 기출 1단원 및 개념 2단원 → 기출 2단원 및 개념 3단원 → … 이런 식이다. 그 중간에 틈을 내 누적 복습까지 해주면 가장 확실하게 기반을 다질 수 있다.

늦어도 하반기부터는 본격적인 문제 풀이를 시작해야 한다. 과학탐구의 경우, 고난도 문제에서 쓰이는 각종 스킬을 문제 풀이 강의를 통해 배우고, 이를 기출이나 사설 문제에 적용하는 식으로 공부한다. 단순히 강의를 듣고 끝내는 것이 아니라 직접 많은 양의 문제를 풀며 스킬을 체화하는 것이 중요하다. 또한 평소 듣는 강사의 교재뿐만 아니라 다른 강사의 N제 및 시중 N제까지 전부 풀어보는 것이 좋다. 사회탐구의 경우, 아직 안 나온 소재나 지엽적인 개념을 정리하는 용도로 문제 풀이를 활용하면 된다.

8~9월부터는 탐구도 사설 모의고사를 풀며 실전 연습을 해야 한다. 시험장에서 부닥칠 수 있는 상황에 어떻게 대처할지 이때 점검하는 것이다. 타임 어택 연습은 물론이고, 개념에 빈 구멍이 있는지 킬러 문제의 풀이법 점검 등 종합적인 피드백을 해야 한다.

앞서 풀었던 유형별 N제와 실전 모의고사에서 푸는 문제는 아예 다른 공부라고 생각하면 된다. 유형별 N제는 실전 모의고사를 풀기 위한 연습이다. 왜냐하면 단원이 정해져 있고 유형을 예상할 수 있는 N제와 어떤 단원 및 상황이 나올지 모르는 모의고사는 완전히 다른 시험이기 때문이다.

평소에는 문제를 잘 푸는데 시험장에만 가면 제 실력을 발휘하지 못하는 학생이라면, 대부분 이렇게 단원과 유형이 섞여 있는 상황의 연습을 충분히 하지 못한 것이다. 즉 안정적인 점수를 얻기 위해서는 실전 모의고사 풀이 훈련을 꾸준히 해야한다. 사회탐구의 경우에는 보통 생각할 시간이 넉넉하므로 몇 개만 풀어보거나 평가원 시험지를 뽑아보는 것으로도 충분하다.

# 스킬보다 개념이
# 중요한 이유

## 🔍 모든 공부는 암기부터 시작한다

'이해도 암기부터'라는 말을 들어본 적이 있을 것이다. 모든 공부는 암기로부터 시작된다. 탐구도 다를 게 없다. 과학탐구 중 물리학1의 역학 파트 때문에 머리를 싸매는 학생이 많다. 물리에서 가장 큰 난관으로, 역학을 잘하면 물리를 잘하는 것이고 역학을 못하면 물리는 못하는 것이라고 할 정도로 중요한 단원이다.

"이런 문제 유형이 안 풀려요"라며 내게 찾아오는 학생 대부분은 문제 풀이에서 방향성을 잃었다고 생각한다. 그런데 이들에게 개념을 물어보면 제대로 대답하지 못할 때가 많다.

과학탐구 영역에서는 국어와 수학에 비해 문제 풀이 능력과 스킬이 중요한 것은 사실이다. 시험 시간도 30분으로 촉박하고, 퍼즐 같은 문제들이 많아서 문제 풀이를 잘해야 시간 안에 모든 문제를 풀 수 있다. 하지만 그렇다고 개념이 중요하지 않은 것은 아니다. 오히려 평이한 문제들에서는 개념을 직접적으로 물어보기 때문에 국어와 수학보다 개념이 더 중요하다고 할 수 있다. 사회탐구도 마찬가지다.

그렇기 때문에 탐구 과목은 '최소한' 상반기에 한 번, 하반기에 한 번 백지 복습을 끝내야 한다. 개인적으로 3월, 6월, 9월, 11월 총 4번을 진행하기를 추천하며 실제로 나도 그렇게 했다.

---

**백지 복습 방법**

1. 일단 최대한 외운다.
2. 빈 종이에 소제목만 쓴 후 책을 덮는다.
3. 소제목 아래 쓸 수 있는 내용을 전부 쓴다.
4. 교재와 종이를 비교한다.
5. 종이에 없는 내용은 내가 모르는 것으로 간주하고 교재에 따로 표시한다.
6. 빈 종이에 모든 내용을 완벽히 쓸 수 있을 때까지 반복한다.

---

개념도 제대로 이해하지 못하고 문제 풀이에서 쩔쩔매는 학생들을 보면 굉장히 안타까워 다시 한번 강조한다. 백지 복습과 주기적인 복습을 통해서 자신이 무엇을 알고, 무엇을 모르는지 정확히 구분한 뒤에 문제를 풀길 추천한다.

## 🔍 과학탐구는 수학 공부의 축소판이다

영어 공부가 국어 공부의 축소판이라면, 과학탐구 공부는 수학 공부의 축소판이다. 수학 공부 할 때의 순서와 태도 등 모든 과정을 그대로 유지하면 된다.

수학에서 문제 풀이에 들어가기 전, 개념을 정확히 이해하고 암기해야 되는 것처럼, 과학탐구도 실전 문제 풀이에 들어가기 전에 개념을 완벽히 숙지해야 한다. 처음에는 강의를 듣는 것이 좋다. 자주 나오는 개념은 강조하면서 설명해 주고, 간단한 문제 풀이 스킬도 대략적으로 알려주기 때문에 효율적이다. 수학과 마찬가지로 한 단원이 끝날 때마다 백지 복습을 하거나 자기 자신에게 직접 설명하면서 정확히 알고 있는지 확인한다.

문제 풀이를 할 때는 시나리오를 이용해야 한다. 눈앞에 등가속도 운동이 있다고 속도-시간 그래프부터 그리지 말고, 가계도가 있다고 표현형부터 적지 말고, 중화 반응이 있다고 미지수부터 적지 말자. 일단 풀고 싶은 충동을 잠깐 억누르고, 문제 자체를 크게 보며 시야를 넓혀야 한다.

문제를 풀 때는 이 흐름을 따라가자. 나에게 주어진 조건이 몇 개인지 먼저 확인한다. 수학은 (가), (나)와 같이 친절하게 항목화를 해서 조건을 제시하지만, 탐구는 줄글로 제시하는 경우가 많다.

주어진 조건을 확인했으면, 각 조건이 무엇에 대한 힌트이고, 각각 어떻게 변형시켜서 문제 풀이에 적용하면 수월할지 고민해 본다. 마지막으로 각 조건을 어떻게 전체적으로 조합한 뒤, 어떤 흐름으로 문제를 풀어나갈지 시나리오를 그려본다.

이 과정을 거쳐야 문제를 보는 시야도 넓어지고, 알맞은 풀이를 고를 수 있다. 물리, 화학, 생명은 한 문제 유형에도 여러 가지 풀이법이 있는 경우가 많다. 하지만 시험장에서는 이 모든 풀이법을 적용시킬 만한 시간이 없다. 문제를 보자마자 풀이법을 정하고 계산에 들어가야 한다. 이는 시나리오를 그리는 과정을 통해서만 기를 수 있는 능력이다.

모든 풀이에 당위성이 있어야 하는 것도 수학과 같다. 풀이를 전개할 때 왜 이런 계산을 하는지, 이 과정의 목적은 무엇인지를 답할 수 있어야 한다. 타임 어택에 집착한 나머지 문제를 풀 때 왜 이렇게 풀고 있는지 모르는 학생이 정말 많다.

'왜 속도-시간 그래프가 아니라 평균 속력으로 풀었는지', '왜 가계도에서 이 조건부터 문제 풀이를 시작했는지', '왜 중화반응에서 이 용액부터 해석을 시작했는지' 등 모든 풀이에 당위성, 즉 목적이 있어야 한다.

이처럼 과학탐구는 수학과 공부 방법이 매우 유사하다. 하지만 시험 시간이 짧기 때문에 간결한 풀이로 고난도 문제까지 풀어야 하고, 퍼즐처럼 파훼법이 분명한 문제 유형들이 있기 때문에 수학보다 스킬이 더 중요한 과목이다. 따라서 준킬러 문제에 개념만 적용해서 풀 수 있는 실력이라면 킬러 문제부터는 다양한 스킬을 습득해서 문제 풀이에 소요되는 시간을 줄이는 연습을 하면 된다. 단, 개념이 제대로 학습되어 있다는 전제 조건이 따라붙는다.

스킬적인 면은 강의를 듣는 것을 추천한다. 보통 과학탐구는 개념 강의와 문제 풀이 강의로 나뉜다. 개념 강의를 들으면서 개념과 준킬러 문제를 풀고, 문제 풀이 강의를 들으면서 나머지 킬러 문제를 병행해서 푸는 방식을 추천한다.

그 후 N제를 풀면서 배운 스킬을 새로운 문제에 적용하는 연습을 한다. 실전 모의고사로 실전 연습까지 하면 제대로 한 것이다. 개념과 스킬만 탄탄하다면 탐구 과목 문제는 많이 풀면 풀수록 좋다. 오답 노트를 정리할 때도 틀리거나 막힌 문제의 상황과 그에 대한 해결법을 간단히 메모해 두는 정도면 충분하다.

## 3부

**수능 디데이**

**맞춤형 습관 만들기**

7장

계획과 목표는

최종 이정표다

# 공부 계획은
# 이렇게 짜라

## 🔍 어떤 환경에서 공부하는 게 좋을까

"강의를 듣는 것이 좋나요, 혼자 공부하는 것이 좋나요?"

누군가 내게 묻는다면 명확하게 답하기 어렵다. 두 공부 모두 장단점이 있기 때문이다. 먼저 강의를 들으면 혼자 공부해서는 오래 걸렸을 내용을 효율적으로 습득할 수 있다는 장점이 있다. 하지만 강의를 듣는 것만으로는 자신의 실력이 되지 않기 때문에 혼공의 시간이 꼭 필요하다.

최악은 강의를 많이 들어서 아는 것이 많다는 걸 공부를 잘하는 것으로 착각한다는 점이다. 모르는 것과 아는 것, 그리고 아는 것과 할 수 있는 것은 완전히 다른 이야기다.

따라서 현재 본인의 상황에 맞게 판단해야 한다. 부족한 점을 확실히 알고, 강의를 듣는다면 듣는 목적이 있어야 한다. 예를 들어 개념을 확실히 정리해야 하거나 문제 풀이 스킬을 배우는 것이 효율적이라는 등 명확한 목적이 있다면 강의를 수강하면 된다.

하지만 '남들이 들어서', '커리큘럼을 전부 들어야 할 것 같아서' 등의 이유로 강의를 들을 필요는 없다. 한 강사를 선택했다고 모든 강의를 다 수강해야 하는 것도 아니다. 자신에게 필요한 강의만 적절히 선택해서 수강해야 한다.

목적도 없이 강의를 들을 바에는 그 시간에 혼자 문제를 풀고 생각을 하는 것이 더 낫다.

대부분 강의를 '듣는' 데에 시간을 많이 허비하는 것 같다. 일부러 강의를 듣지 않으면서 비효율적으로 공부할 이유도 없지만, 일정 수준 이상부터는 혼자 문제를 풀어봐야 한다. 처음 강의를 수강할 때 제대로 공부하지 않아서 비슷한 강의를 한 번 더 듣는 경우도 종종 봤는데, 이건 최악 중에 최악이다. 모든 강의를 들을 때는 처음이자 마지막으로 수강한다는 생각으로 꼼꼼히 공부하고, 주기적인 백지 복습을 통해 정말 제대로 이해했는지 점검해야 한다. 나중을 위해서 교재에 강의 내용을 간단히 필기하는 것도 좋다.

## 🔍 전략적으로 공부 계획을 짜는 방법

어떤 성과를 내기 위해 가장 쉽게 떠올릴 수 있는 방법은 '목표를 잡고 열심히 노력하는 것'이다. 보통 목표를 잡아야 동기가 생기고, 더 열심히 노력할 것이라고 여긴다. 이 책을 읽고 있는 당신도 예외가 아니다. 목표 점수와 목표 대학을 정해 책상 앞에 붙여둔다. 매 모의고사마다 목표 점수에 얼마나 근접했는지 확인하고, 목표 대학에 가기 위해서는 점수가 얼마큼 모자란지 계산한다.

그런데 목표를 잡는 것이 동기를 부여하는 가장 좋은 방법임에도, 왜 여기에 몰입하지 못할까? 더 높은 목표를 잡아서 의욕을 불태워야 하는 것일까?

솔직히 말하면 나는 수험 생활 동안 구체적인 목표를 잡지 않았다. 오히려 목표를 잡는 것은 장기적 관점에서 보면 몰입을 저해한다고 생각한다. 점수, 대학, 칭찬 등의 구체적인 목표는 얼핏 보면 노력의 방향을 정해주는 것처럼 보인다. 하지만 이런 목표는 대부분 '외재적 동기'에서 비롯된 것들이다.

외재적 동기는 당장의 성과를 내기 위한 방법으로는 효과가 있을 수 있다. 목표하는 대학교를 직접 탐방하고 오거나, 자극적인 동기부여 영상을 시청하고 나면 일주일 정도는 몰입할 수 있다. 하지만 외재적 동기는 지속 가능성이 낮고 몰입을 해친다. '나 자신'이 아니라 '남들이 정해놓은 기준'에 집중하기 때문이다.

목표로 잡은 점수에 못 미치는 상황을 여러 번 겪으면 자연스럽게 힘이 빠지고 동기도 약해진다. 하지만 수능 공부를 할 때는 목표와 가까운 점수보다 먼 점수를 받는 경우가 훨씬 많을 것이다. 남들의 인정이나 점수라는 보상이 주어지지 않으면, 공부에 대한 의욕 자체가 사라진다. 목표를 이루지 못했을 때 느끼는 좌절감은 동기가 외부에 있을 때 더 크게 다가온다. 목표 자체가 나 자신과 맞닿아 있지 않기 때문이다.

하지만 목표를 내재적 동기에서 찾는다면 이야기가 다르다. 내재적 동기는 목표나 점수에서 의미를 찾는 것이 아니라, 자신이 하고 있는 활동 그 자체에서 의미를 찾는 것이다. 내가 오늘 하루를 온전히 공부에 몰입해서 보냈는지에 의미를 두고, 그 몰입에서 느끼는 충만감, 뿌듯함, 성취감을 원동력으로 삼으면 된다. 내재적 동기의 선순환이 시작되려면 점수나 등수 같은 수치가 아니라 메타인지를 통한 나의 실력으로 스스로를 평가해야 한다.

그렇다면 내재적 동기를 원동력으로 삼는 학생이 기대한 점수보다 낮은 점수를 받으면 어떻게 될까? 좌절을 하는 것이 아니라, 변함없이 공부 페이스를 유지하거나, 오히려 다시 일어나 공부할 힘을 얻는다. 점수에 의미를 두지 않고, 수능 전에 보는 모든 모의고사는 전혀 의미가 없다는 사실을 알고 있기 때문이다. 실망하는 대신 하루를 충만하게 몰입해서 보냈느냐로 자신을 평가한다. 아직 원하는 점수는 나오지 않았지만, 하루하루를 꽉 채워서 보내면 실력이 늘 수밖에 없음을 안다.

또한 길게 보면 실력을 늘리는 것이 중요함을 알기 때문에, 단기적인 점수보다는 피드백에 더 관심이 있다. 원하는 점수를 받지 못했다는 것은 피드백할 수 있는 항목을 더 많이 얻었다는 것이다. 같은 시험을 봤는데, 얻어 갈 것이 더 많다는 사실은 실력을 기를 수 있는 기회도 그만큼 많다는 말이다. 앞으로 실력을 기르기 위해서 더 힘을 낼 것이고 자연스럽게 몰입과 실력 상승, 최종적으로 점수 상승으로 이어지며 선순환이 이루어진다.

내재적 동기는 이처럼 지속성이 강하다. 외재적 동기는 일시적으로는 행동을 촉진할 수 있지만, 보상이 사라지면 동기 또한 약해진다. 수능 공부에서 지속적인 보상이란 불가능에 가깝다. '점수'는 상한선이 100점 또는 50점으로 정해져 있고, 난도에 따라 계속 변하기 때문이다.

목표를 '대학'으로 잡는다면 지속적인 보상은 더더욱 기대할 수 없다. 외부 조건이 변한다면 한순간에 무너질 수도 있다. 반면 내재적 동기는 공부에 대한 '몰입'과 그것으로부터 오는 '충만감' 자체가 목적이기 때문에 장기적으로도 꾸준히 몰입을 유지할 수 있다.

## 🔍 슬럼프를 극복하는 현명한 방법

　많은 수험생이 슬럼프를 겪곤 한다. 나는 체력적인 문제 때문이 아니라면, 대부분의 슬럼프는 외재적 동기를 목표로 잡았기 때문에 발생한다고 생각한다. '좋은 대학'이라는 목표를 설정했을 때, 그 목표에 대한 압박이 커질수록 슬럼프에 빠질 확률도 높아진다. 목표에 다가가지 못하고 있다는 생각이 들 때마다 무력감을 느끼고, 목표가 너무 멀게 느껴지면 공부 자체에 흥미를 잃어버릴 수 있다. 예상보다 성과가 나오지 않거나 기대만큼의 보상이 없을 때 슬럼프에 취약해진다. 실제로 슬럼프에 빠진 학생들을 상담해 보면, 대부분 목표에 대해 압박감을 느낄 때, 또는 목표를 이룰 수 있을지 자기 확신이 없을 때 슬럼프가 찾아온다.

　반대로 내재적 동기를 목표로 둔다면 목표에 대한 압박감이 현저히 줄어든다. 단지 하루의 공부가 어땠느냐가 기준이 되기 때문이다. 외부의 결과나 평가에 크게 흔들리지 않으며, 공부 자체가 즐거움이 된다.

　나는 수능 공부를 하는 동안 점수나 등급에 최대한 연연하지 않으려고 노력했다. 점수가 안 나왔을 때는 피드백이 필요한 부분을 찾고, 어떤 부분에서 개선이 필요한지 분석했다. 나에게 중요한 것은 그 순간의 결과가 아니라 앞으로 어떻게 더 나아질 수 있는지 깨닫는 과정이었다. 오늘 하루를 후회 없이 보냈는지가 기준이었고, 그에 따라 성취감을 느끼거나 더 나은 내일을 위한 다짐을 하곤 했다.

실제로 수능 날이 다가와도 슬럼프는 없었다. 압박감이 들 때마다 오늘 공부한 과목에서 얻은 교훈들을 쭉 떠올렸다. 의미 있는 공부를 했으면 과목당 최소 2~3개의 교훈을 얻을 수 있는데, 오늘 아침의 나보다 지금의 내가 발전했다는 생각이 들면 성공적인 하루를 보냈다고 안도했다. 불안감을 줄이기 위해 점수보다는 내 실력 자체에 집중했다.

내재적 동기가 중요한 이유는 성찰과 본질적 성장에 큰 도움이 되기 때문이다. 외부의 보상이 아닌 내재적 동기에서 비롯된 노력은 그 과정에서 더 많은 자기 성찰을 유도하며, 이는 성장과 직결된다. '대학 입학'이라는 외부 목표가 아니라, '문제를 푸는 즐거움', '하루 종일 몰입했을 때의 성취감' 등의 목표는 결과가 아닌 과정에서 만족을 느끼게 한다. 결과는 자연스럽게 과정을 따라오게 되어 있다.

나도 한때는 외부 목표와 목표를 달성했을 때의 성취감을 동기로 삼은 적이 있다. 하지만 그것은 일시적이고 굉장히 불안정한 동기임을 깨달았다. 그 후 나는 과정 자체에서 만족감과 동기를 얻으려고 노력한다.

목표는 방향성을 잡기 위한 수단 그 이상도 이하도 아니다. 예를 들어 '3월 모의고사 전까지 기출을 끝내겠다'와 같은 목표와 계획은 공부의 대략적인 방향성을 잡아줄 수는 있다. 하지만 기간 안에 목표를 이루지 못했다고 해서 좌절할 이유는 전혀 없다. 그 시간 동안 공부에 몰입했다면, 그 누구보다 의미있는 시간을 보낸 것이다. 기출은 언제든지 끝내도 되지만, 그 목표의 압박감에 눌려 몰입의 기회를 날리는 것은 안 된다.

## 🔍 수능은 인생의 첫 관문이다

계획표를 짜고 그 계획을 못 지키면 크게 스트레스를 받는 것도 같은 맥락이다. 계획은 진행 상황을 점검하고 페이스를 조절하는 마일스톤에 불과하다. 스스로 생각하기에 만족스러운 하루를 보냈다면 지키지 못한 계획에 스트레스를 받을 이유가 전혀 없다. 이때 우리는 완료하지 못한 계획보다 많은 것을 얻어 가면 된다.

덧붙여 말하자면 수능은 대학 입시에도 물론 큰 의미가 있지만 그 과정에 훨씬 많은 의미가 담겨 있는 것 같다. 메타인지 능력을 기르는 과정, 실패했을 때 극복하는 과정, 약점을 깨닫고 해결 방안을 찾는 과정, 계획을 짜고 수행하는 과정, 혼자만의 시간을 보내는 과정, 외부 자극에 흔들리지 않는 과정, 한 목표를 향해 매일 달려가는 과정이 압축되고 압축되어서 고등학생이 수행할 수 있는 과정이 된 것이지 않을까.

수능 공부를 내가 더 나은 사람이 되기 위한 '인생의 첫 관문'이라고 생각한다면, 조금 더 이 과정에 집중할 수 있을 것이다. 나도 지금 이 수학 문제를 푸는 것이 내 인생에 무슨 도움이 되는지, 학벌이 무슨 의미가 있는지 당시엔 이해하지 못했다. 끝나고 보니 알겠다. 수능 공부를 하며 얻은 경험과 능력치는 학벌 이상의 가치를 갖는다.

결국 진정한 본질은 결과가 아닌 과정에 있다. 수능은 결과를 위한 것이라고 하지만 과정에 집중해야 결과도 따라온다. 외재적 목표와 동기가 아닌 몰입과 성장과 같은 내재적 목표가 원동력이 된다면 불가능한 일은 없다.


## 🔍 수능 공부 계획은 이렇게 짜라

공부 계획에 정답은 없지만, 웬만하면 수능 시간표와 최대한 비슷한 시간에 해당 과목을 공부하는 것이 좋다. 특히 국어는 아

침에 공부하는 습관을 들여놓아야 한다. 방학 기준으로 내가 활
용했던 시간표이니 참고해도 좋을 것 같다.

| | |
|---|---|
| 7:00~7:30 | 기상, 준비 |
| 7:30~8:00 | 독서실 도착, 전날 간단 복습 |
| 8:00~10:30 | 국어 공부 |
| 10:30~12:30 | 수학 공부 |
| 12:30~13:00 | 빠르게 점심 식사 |
| 13:00~13:30 | 영어 공부 |
| 13:30~14:30 | 탐구 과목 1 공부 |
| 14:30~15:30 | 탐구 과목 2 공부 |
| 15:30~17:30 | 수학 공부 |
| 17:30~18:30 | 저녁 식사 |
| 18:30~19:30 | 국어 공부 or 인강 |
| 19:30~22:00 | 탐구 공부 |
| 22:00~23:00 | 마무리 공부, 하루 복습 |
| 23:00~24:00 | 귀가, EBS 보면서 취침 |

시기별, 과목별로 어떤 상황에서 어떤 공부를 해야 하는지는
앞에서 자세히 설명했다. 그럼에도 시간표를 짜기 어려워하는 사
람들을 위해서 1년간의 커리큘럼을 짜보았다. 개념 강의를 겨울
방학 때 처음 듣는 상황이라고 가정한 계획이다. 당연히 내가 짠
커리큘럼을 그대로 따라 하는 것보다 본인에게 맞게 적절히 변형
하는 것이 좋다.

| 과목 | 내용 |
|---|---|
| 국어 | • 독서, 문학 개념 강의 수강.<br>• 최근 10개년 기출 분석 스스로 1회 병행.<br>• 언어와 매체: 전 범위 설명 가능할 정도로 철저히 암기. |
| 수학 | • 전 범위 정의 및 공식 백지 복습 가능하게 공부.<br>• 전 영역 실전 개념 강의 수강.<br>• 전 영역 기출 문제집 1회독 병행.<br>• 수학은 고2 때 미리 공부해 두지 않은 상태라면 5월까지 끝내도 됨 |
| 영어 | • 구문 및 어휘 강의 하루 1시간씩 공부.<br>• 진도 크게 신경 쓰지 않고 수능 전까지 하루 30분~1시간 공부량 유지하는 것에 집중. |
| 과학탐구 | • 과학 개념 강의 수강.<br>• 전 범위 개념 백지 복습 가능하게 공부.<br>• 기출 문제집 1회독 병행. |

Key point: 전 과목의 목표를 '개념과 기출 마스터하기'로 잡으면 된다. 이때 할 것이 굉장히 많다. 겨울방학 때 공부를 많이 해두어야 학기 중에 마음 편히 문제를 풀 수 있다.

- - - - - - - - - - - - - - - - - - - - - - - - - - - - - - - - - - - - - - - - - - - - - - - - -

**3월 모의고사 ~ 6월 모의고사**

| 과목 | 내용 |
|---|---|
| 국어 | • 독서: 들었던 강사의 두 번째 강의 수강(진도에 신경 안 써도 됨).<br>독서 기출 분석 두 번째 진행.<br>• 문학: 기출 선지 해체하면서 자세히 분석.<br>문학 EBS 수능 특강 1회독.<br>• 언매 및 화작: 10개년 기출 풀이. |

| 수학 | • N제 및 많이 풀기.<br>• 개념 헷갈리는 부분 있으면 그 부분만 백지 복습. |
|---|---|
| 영어 | • 독해 강의 수강.<br>• 관련 기출에 적용. |
| 과학탐구 | • 실전 문제 풀이 강의 수강.<br>• 고난도 기출에 직접 적용. |

Key point: 수학의 문제 풀이에 가장 많은 시간을 써야 하는 시기다.

### 6월 모의고사 ~ 9월 모의고사

| 과목 | 내용 |
|---|---|
| 국어 | • 기출과 사설의 조화.<br>• 기출도 적당히 보면서 매일 새로운 독서 지문 3개씩 보기.<br>• EBS 수능 완성 1회독.<br>• EBS 독서 선별해서 1회독.<br>• 언매: 최근 기출 1회 더 풀이 + N제 + 백지 복습 한 번 더. |
| 수학 | • 수학 고난도 N제 풀이.<br>• 모의고사 일주일에 하나 정도 풀기.<br>• 개념 헷갈리는 부분 있으면 그 부분만 백지복습. |
| 영어 | • 문제 풀이 강의 수강.<br>• 어휘 및 단어 공부 꾸준히. |
| 과학탐구 | • 시중, 강사 N제들 풀면서 스킬 적용.<br>• 모의고사 일주일에 하나 정도 풀기.<br>• 개념 헷갈리는 부분 있으면 그 부분만 백지 복습. |

Key point: 모든 과목의 문제 풀이 양을 늘려야 하는 시기다. 부족한 과목에 가장 많은 시간을 투자하면 된다.

## 9월 모의고사~수능

| 과목 | 내용 |
|------|------|
| 국어 | • 기출과 사설의 조화.<br>• 일주일에 모의고사 1~2회씩 풀기.<br>• EBS 전 작품 최소 2회독.<br>• 선택 과목 EBS도 풀기. |
| 수학 | • 모의고사 다다익선.<br>• 고난도 N제. |
| 영어 | • 실전 모의고사 일주일에 하나 정도 풀기.<br>• 나머지 시간은 이때까지 강의 및 기출 복습. |
| 과학탐구 | • 모의고사 다다익선.<br>• 고난도 N제.<br>• 비킬러 시간 단축 공부. |

Key point: 모의고사를 풀면서 실전에 대한 생각을 많이 해야 하는 시기다. 문제 풀이 양이 줄어들지 않으면서 기출도 꾸준히 복습하는 밸런스가 중요하다.

6월 모의고사 전까지는 수학과 국어에 큰 비중을 두고, 그 이후로는 탐구의 비중을 크게 늘리자. 수능 한두 달 전에는 모든 과목에 비슷한 시간을 할애하는 것이 좋다. 또한 영어는 수능 날까지 매일 하루 30분에서 1시간의 공부량을 유지하는 게 핵심이다.

# 매일 기록하라, 그리고 반복하라

## 🔍 실력을 높이는 가장 빠른 방법

실력 차이를 좁힐 수 있는 가장 좋은 방법은 무엇일까? 앞서 내가 강조한 것처럼, 훌륭한 피드백을 통해 자신의 풀이 태도에서 고칠 점을 찾아냈다고 하자. 그런데 그 고칠 점을 찾았다고 해서 하루아침에 태도가 바뀔까? 인간은 망각의 동물이다. 오늘 피드백을 해도 내일 똑같은 문제를 또 틀리는 것이 인간이다. 해당 피드백을 여러 번 접해봐야 비로소 자신의 것이 된다.

A학생은 100가지의 피드백을 했지만, 그중 절반을 수능 전까지 잊어버리고, B학생은 70가지의 피드백을 했지만 전부 받아들였다고 해보자. 누가 시험장에 들어갔을 때 더 유리할까? 당연히

B학생이다. 실수에서 얻은 교훈을 보존하기 위한 노력이 피드백을 하는 것 못지않게 중요하다. 그럼 보존은 어떻게 해야 할까?

바로 '기록'이다. 기록하는 학생과 기록하지 않는 학생은 확연한 차이가 있다. 기록하지 않는 학생은 피드백을 쉽게 까먹는다. 대부분의 경우에는 인지조차 못 하지만 까먹은 것을 인지했다고 하더라도 기억을 복기할 방법이 없다. 분명 공부를 했지만 남는 게 없는 것이다. 하지만 기록하는 학생은 다르다. 시험장에 하나라도 더 알고 들어가는 것도 중요하지만, 이미 얻은 지식을 잃지 않는 것이 더 중요하다는 사실을 알고 있다.

내가 가장 추천하는 방법은 과목별로 노트를 만들어서 자신이 그날 했던 피드백과 얻었던 교훈을 기록하는 것이다. 자투리 시간에 이 노트를 읽기만 해도 자연스럽게 공부 태도에 스며들게 될 것이다. 나는 '수학 발상 노트', '수학 실수 노트', '국어 태도 노트', '탐구 노트', '모의고사 노트' 등을 만들어서 새롭게 깨달은 교훈들을 기록했다. 수능이 가까워질 무렵에는 수학 노트만 200개 넘게 갖고 있었다.

**수학 발상 노트**

1. 지수 로그 함수 문제는 미지수를 간단하게 잡는 것을 우선 적으로 생각한다.
2. 정적분으로 정의된 함수는 넓이가 아니라 하나의 함수로 보 는 것이 쉬운 문제가 많다.

**수학 실수 노트**

1. '넓이', '길이', '속력'에 대한 식은 꼭 절댓값을 까먹지 말고 붙이자.
2. 마지막 계산에서 $f(3)$을 구하는 것을 $g(3)$을 구했다.

**국어 태도 노트**

1. 지문에서 비교와 대조를 시키면 꼭 공통점과 차이점을 구분 해 놓자.
2. 문학에서 〈보기〉를 먼저 읽으며 작품의 정서와 분위기를 먼 저 파악하자.

엄청 자세하게 적을 필요도 없다. 위의 예시처럼 자신이 얻은 교훈을 간단하게 기록하면 된다. 정말 중요한 문제가 아니라면, 문제를 다 쓰거나 오려서 붙이는 것은 추천하지 않는다. 간단히 예시만 적거나 아이패드 등을 이용해서 빠르게 기록하는 것은 괜 찮다.

단, 개념을 처음 배우는 단계나 실전 개념 인강을 들을 때는 노트가 아닌 수업 교재 옆에 간단히 메모하는 것을 추천한다. 이때는 모르는 내용이 많아 기록하는 데 시간이 오래 걸리기 때문에 간단한 메모와 함께 교재 자체를 복습하는 것이 훨씬 효율적이다. 어느 정도 개념이 잡히고 문제를 푸는 시기부터 이처럼 노트를 활용해 따로 기록하는 것이 좋다.

## 🔍 올바른 복습이 중요한 이유

4등급대의 학생을 맡아 수학 과목을 과외한 적이 있다. 수학 머리는 되게 좋은 학생이었다. 대략의 풀이 방향을 잡아주면, 어려운 추론도 곧잘 해내서 조금만 알려주면 성적이 팍팍 오를 줄 알았다. 그런데 수업을 할 때는 문제를 잘 푸는데, 다음 시간에 그 문제를 다시 풀어보라고 하면 원점으로 돌아가서 못 푸는 것이었다. 정말 의아했다. 하나를 알려주면 둘을 아는 학생이었는데, 일주일만 지나면 알려준 하나마저도 잘 기억하지 못했다.

왜 그런 걸까? 이 학생을 통해 아무리 공부 머리가 좋아도 올바른 방법으로 공부하지 않으면 성적을 올릴 수 없다는 것을 다시 한번 깨달았다. 이 학생의 문제는 수업이 끝나면 복습을 전혀 하지 않는다는 것이었다. 왜 복습을 하지 않냐고 물으니 어디서부터 어디까지, 어떤 방법으로 복습해야 할지 모르겠다는 대답이 돌아왔다.

복습을 어렵게 생각하는 경우가 많은데, 전혀 그럴 것이 없다. 일단 노트에 어떤 강의를 듣거나 문제를 푼 직후, 얻은 교훈을 바로 한두 줄로 요약해서 기록한다. 그리고 주기적으로 그 노트를 다시 읽기만 하면 된다. 적어둔 교훈을 읽으며 해당 강의나 문제를 떠올렸을 때, '다시 풀어봐야 할 거 같은데?' 싶은 문제만 다시 풀어보면 된다.

이 학생한테도 수업 시간의 일부를 할애해서 복습 노트에 당일의 교훈을 적게 했다. 그러자 노트를 읽는 것만으로도 복습이 되어 배웠던 내용을 쭉쭉 흡수하기 시작했다. 당연히 성적도 크게 올랐다.

같은 맥락에서 컨설팅 할 때 많이 받았던 질문이 '문제 풀이 양을 늘리자니, 복습할 시간이 줄어들고, 틀린 문제를 다시 풀자니 새로운 문제 풀 시간이 없다'였다. 수능 공부에서는 새로운 문제를 많이 푸는 것이 매우 중요하다. 수능은 암기한 것을 받아 적는 시험이 아니라 처음 본 문제를 추론하는 시험이기 때문이다. 그렇기 때문에 복습에 사용하는 시간과 새로운 문제를 푸는 데 사용하는 시간의 균형을 잘 맞춰야 한다.

이 질문에 대한 나의 대답은 복습으로 많은 문제 풀이 양을 유지하면서 단 하나의 교훈도 놓치지 않고 다 흡수할 수 있다는 것이다. 이게 가능한 이유는 복습을 하는 과정이 틀린 문제를 다시 풀어보는 과정이 아니라는 데 있다.

사실 틀린 문제를 다시 푸는 것은 굉장히 비효율적인 일이다. 우리가 시험을 통해 어떤 문제를 푸는 목적은 아래와 같다.

**문제를 푸는 목적**
1. 처음 보는 조건 해석하기(예: 국어의 경우 지문 이해하기)
2. 교훈 얻기(문제 풀이 태도나 지식)
3. 기초 체력 기르기(수학의 경우 계산 능력, 국어의 경우 독해력)

한 번 풀었던 문제를 다시 풀면 1번의 의미가 사라진다. 우리 무의식에 이미 '이 조건은 이렇게 해석해야 해'가 남아 있기 때문이다. 조건을 해석하는 능력은 새로운 문제를 풀 때에만 성장한다.

그리고 한 번 틀렸던 문제는 2번까지 가는 시간, 즉 교훈을 다시 떠올릴 때까지 너무 오래 걸린다. 복습을 하는 것은 깨달은 교훈을 수능 당일에도 사용하기 위함인데, 이 교훈에 도달하기까지

빙 돌아서 가야 한다. 따라서 2번에서 얻은 교훈만 따로 필기해 놓고, 주기적으로 복습하면서 교훈을 흡수하고, 새로운 문제는 꾸준히 풀면서 1번과 3번 능력을 향상시키는 것이다.

이 방법은 내가 수능 때까지 얻은 교훈을 단 하나도 놓치지 않으면서 압도적인 문제 풀이 양까지도 유지할 수 있었던 비법이다. 이렇게 문제를 푸는 목적을 생각해 보면, 왜 틀린 문제를 오답 정리하고 다시 푸는 행위가 얼마나 비효율적인지 알 수 있다.

기록을 통해서만 복리의 이득을 누릴 수 있다. 아는 것이 많을수록 보이는 것이 많다는 점을 잊지 말자. 매일 새롭게 배운 사실 하나씩만 기록해도, 시간이 지나고 보면 엄청난 자산이 되어 있을 것이다.

# 자투리 시간은
# 어떻게 활용할까

## 🔍 똑똑한 자투리 시간 활용법

일상생활을 하다 보면 그냥 흘려보내는 자투리 시간이 있다. 이동 시간, 식사 시간, 잠들기 전 시간 등의 이 시간은 사소해 보여도 공부에서는 굉장히 큰 차이를 만든다. 하루 1시간의 자투리 시간은 300일이 지나면 300시간이다. 하루에 10시간씩 공부해도 30일에 해당하는 시간이다. 하루에 1시간을 흘려보냈을 뿐인데, 남들보다 한 달 일찍 수능을 보는 것과 같다.

자투리 시간을 얼마나 현명하게 사용하느냐에 따라 등급이 달라질 수 있다. 자투리 시간에는 높은 집중력을 요하는 공부보다는 가볍게 할 수 있는 공부를 하는 게 좋다. 손을 사용하지 않고 눈으로만 할 수 있는 가벼운 공부의 예시를 소개한다.

---

**자투리 시간을 활용하기에 좋은 공부**

- EBS 문학 줄거리 읽기
- EBS 독서 어려운 주제 선별하기
- 언매 개념 외우고 속으로 설명하기
- 국어 행동 강령 읽으며 시험 생각하기
- 수학 노트 읽어보며 복습하기
- 수학 행동 강령 읽으며 시험 생각하기
- 영어 단어 암기하기
- 탐구 개념 교재 보면서 외우기
- 탐구 오답 노트 및 행동 강령 읽기

---

이런 공부는 오히려 책상에 앉아서 하는 것이 적절하지 않다. 책상에 앉아 집중력이 높을 때는, 독서나 수학 문제 풀이처럼 머리를 많이 써야 하는 공부를 하는 것이 좋다. 그 귀중한 시간에 굳이 자투리 시간에도 충분히 할 수 있는 공부를 할 필요는 없다.

특히 고3 현역 학생들은 따로 자습 시간을 확보하기가 쉽지 않기 때문에, 자투리 시간을 적재적소에 활용하는 것이 중요하다. 예를 들어 다른 과목 공부를 못 하게 하는 학교 수업 시간에 수업 교재인 교과서를 이용해서 개념 복습을 하는 등 유연하게 공부하는 식이다.

나는 학교 다닐 때 자투리 시간을 최대한 활용하려고 노력했다. 누군가에게는 그저 흘러가는 시간을 의미 있게 보내면, 언젠가는 그 시간이 쌓여서 달콤한 보상을 가져다줄 것이다.

8장

체력과 마음가짐이

중요한 이유

# 공부는
# 체력 싸움이다

## 🔍 공부 체력 차이는 어디서 나는가

　정시 파이터들이 상반기에는 호기롭게 공부를 시작했다가 하반기가 되어서는 무너지는 경우를 많이 봤다. 특히 추워지기 시작하는 11월 초에 수능을 앞두고 감기 등으로 컨디션 관리에 실패한다. 하반기에 뒷심이 부족한 것은 체력 탓이다.

　공부는 생각보다 굉장한 체력을 요구한다. 일단 하루에 10시간씩 앉아 있는 것 자체가 절대 쉬운 일이 아니다. 오랜 시간 앉아 있는다는 것 자체가 힘을 쓰는 일이고, 바르지 못한 자세로 앉아 있는다면 육체적 고통까지도 따를 수 있다. 뇌는 인체에서 가장 많은 칼로리를 사용하는 기관으로, 전체 에너지의 무려 20%

를 사용한다. 온 신경을 집중해서 공부에 몰입했다면 정신적으로도 지칠 수밖에 없다.

그래서 체력이 부족하다면, 충분한 공부 시간도 지킬 수 없다. 튼튼한 체력이 뒷받침되어야 끈질기게 앉아 있으면서도 몰입할 환경을 만들 수 있다. 특히 누구나 지치는 하반기에는 조금이라도 더 몰입하는 학생이 더 많은 것을 얻어 갈 수 있다. 체력으로 인한 차이는 여름방학부터 나타나기 시작해서, 9월 모의고사가 다가오면 확연히 드러난다. 여름방학과 9월 모의고사 언저리가 수험생들에게 번아웃이 가장 많이 오는 시기다.

상반기는 개념과 기출을 확립하는 시기이고, 하반기는 태도를 피드백하면서 실전 연습을 하는 시기라는 점에서 두 시기 모두 중요하다. 하지만 아무래도 수능에 가까운 하반기가 점수에는 더 영향을 미치는 것은 사실이다. 오해하면 안 된다. 상반기에 공부를 열심히 안 한 학생이 하반기에 분발하면 좋은 성적을 받을 수 있다는 말이 아니다. 개념과 기출을 제대로 공부해 두지 않았으면, 아무리 실전 연습을 해도 실력은 오르지 않는다.

수능에서의 학습 곡선은 S자를 그린다. 공부량이 별로 쌓이지 않은 초기에는 실력 상승을 체감하기 어렵다. 이렇게 공부하다가는 영원히 성적이 오르지 않을 것 같고, 잘하고 있는 게 맞는지 회의감이 든다. 하지만 누적 공부량이 쌓이면, 이 실력 기울기는

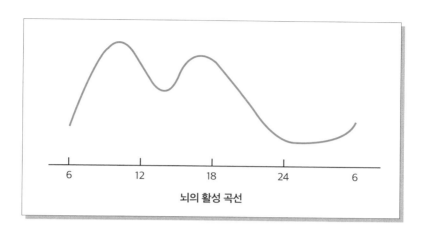

**뇌의 활성 곡선**

점점 가팔라지기 시작한다. 이 시점이 6월 모의고사 전후, 즉 상반기의 개념과 기출 공부가 마무리되고 새로운 문제를 풀기 시작하는 시점이다.

이때는 이전과 다르게 실력 상승도 체감되고, 새롭게 알게 되는 것이 많아진다. 같은 시험지를 봐도, 상반기에 보이는 것보다 하반기에 보이는 것이 훨씬 많다. 누적 공부량이 많아질수록 실력 상승에 가속도가 붙는 이유다.

하지만 수능에서의 학습 곡선은 무한히 가속하는 곡선을 그리는 것이 아니라, S자 곡선을 그린다고 했다. 어느 순간부터는 실력의 상승 곡선이 점차 완만해진다. 왜냐하면 수능이라는 시험에서 사용되는 논리와 사고 과정이 한정되어 있기 때문이다. 어느 정도 이 논리들을 체화한 상태에서는 배울 것이 그리 많지 않다. 실력 상승이 완만해지는 구간에 들어왔다는 것은 해당 과목에서 거의 만점권의 실력을 만들었다는 뜻이다.

만점에 못 미치는 실력 구간에서 정체된 듯한 느낌이 들었다면, 뭔가 잘못되었다는 의미다. 간혹 '공부는 계단식이지'라며 실력의 정체기가 왔는데도 시간만 쏟으면 해결될 거라고 생각하는 학생이 있는데, 이것은 큰 오산이다. 공부가 계단식이라는 말은, 정체기가 왔을 때 공부법에 대한 비판적 생각과 스스로에 대한 피드백을 통해 다시 가속되는 실력 곡선에 안착해야 된다는 말이지, 기다리면 실력이 오른다는 말이 아니다.

따라서 만점권이 아니라면 누적된 공부량을 늘리는 게 중요하다. 누적된 공부량이 많은 하반기에 실력을 더욱 빠르게 올릴 수 있다. 이제 하반기가 얼마나 중요한지 알았는가? 하반기의 공부량과 컨디션은 체력이 결정하기 때문에, 끝까지 신경 써서 수능 직전까지도 온전히 몰입할 수 있는 체력과 환경을 만들어놓아야 한다.

## 🔍 수능 맞춤형 체력 관리법

평소에 체력 관리는 어떻게 해야 할까? 충분하고 규칙적인 수면 시간과 식습관이 가장 중요하다. 일찍이 체력의 중요성을 깨달은 나는, 공부 체력을 기르기 위해 이것저것 많은 시도를 해봤다. 러닝이나 줄넘기도 해보고, 수면 주기를 맞추기 위해 1시간 반 단위로 자보기도 하고, 유튜브의 수면 뇌파 영상을 들으면서 자보기도 했다. 하지만 실질적으로 효과를 본 것은 규칙적인 수면 시간과 식습관이 유일했다.

아침 운동의 경우, 운동한 직후에는 상쾌하고 좋지만 문제는 당일에 더 피곤하다는 것이다. 결국 아침 운동이 체력의 증진보다 당일의 피로감에 더 많은 영향을 미치는 것 같아서 그만두었다. 자기 직전에 숙면을 방해하지 않을 정도의 가벼운 운동은 해도 괜찮다. 따로 시간을 내서 운동하기가 어려워지니 웬만하면 고등학교 2학년 전까지 꾸준히 운동해서 어느 정도 체력을 만들어놓기를 추천한다.

수면은 공부에 굉장한 영향을 미친다. 물론 사람마다 다를 수 있지만, 개인적으로 외부 환경 중 가장 직접적인 영향을 미친 것은 수면이었다. 만약 전날 잠을 잘 못 잤다면, 종일 공부에 몰입하기가 어려웠고, 개운하게 잔 날은 몰입이 더 잘되었다.

단순히 더 많이 잔다고 개운한 것도 아니다. 오히려 너무 많이 자면 하루 종일 무기력할 수도 있기 때문에, 7시간 정도의 수면을 추천한다. 일정한 시간에 자고 일어나면 신체 리듬이 유지되어 개운하게 눈뜨는 날이 많아질 것이다. 공부 시간은 수면 시간이 아니라, 깨어 있는 시간 중 낭비되는 시간을 줄여서 확보하는 것이다.

식습관도 마찬가지다. 웬만하면 아침을 거르지 말자. 또한 너무 기름지거나 자극적인 음식도 피하는 것이 좋다. 너무 당연한 조언이지만, 건강하고 규칙적인 식습관을 유지한 것이 강인한 체력을 유지하는 데 큰 도움이 됐다.

# 02

# 공부보다 강한
# 도파민을 피하라

## 🔍 공부로 느낀 쾌감은 몰입으로 이끈다

나는 수능을 보기 전까지 스마트폰이 없었다. 지금 생각해도 정말 신의 한 수였다고 생각한다. 처음 스마트폰을 사고 든 생각이, '스마트폰이 고3 때 있었으면 비슷한 성적 근처에도 못 갔겠다'였다. 스마트폰으로 할 수 있는 SNS나 게임, 웹툰, 유튜브 등에서 너무나 쉽게 도파민을 얻을 수 있기 때문이다.

앞서 공부법보다 본질적으로 중요한 것은 '몰입'이라고 했다. 그 몰입을 지속할 수 있게 만드는 원동력은 바로 몰입 뒤에 느끼는 묵직한 쾌감이다. 그 쾌감은 아마 경험해 본 사람만이 알 것이다. 나만의 방에 들어가서 시간이 얼마나 흐른지도 모를 만큼 열중해서 할 일을 마친 그 느낌! 순식간에 사라져서 공허함만 남는 SNS의 쾌감과 다르게 오래 지속되는 쾌감이기에 묵직한 쾌감이라고 말하고 싶다.

가벼운 쾌감을 손쉽게 접할 수 있다면, 더 이상 묵직한 쾌감을 찾지 않는 경향이 있다. 다시 말해, 더 이상 몰입할 수가 없다. 터치 몇 번으로도 쾌감을 얻을 수 있는데 군이 공부하고 몰입할 이유가 없지 않겠는가.

쉽게 얻은 쾌감이 금방 없어져도 '아, 가벼운 쾌감이 없어졌으니 공부해야지'라고 생각할 리는 더더욱 없다. 공허함이 들 때쯤, 자신도 모르게 손가락은 스마트폰을 만지고 있을 것이다. 이미 뇌의 보상 체계가 망가져 버려서 진정한 몰입을 막는 것이다.

도파민 중독을 막을 수 있는 가장 좋은 방법은 공부보다 강한 흡입력을 가진 것들을 물리적으로 차단하는 것이다. 공부보다 쉽게 손이 가고, 몰입보다 쉽게 도파민을 느낄 수 있는 것을 내 환경에서 완전히 없애버리는 것이다. 공부를 통해 몰입했을 때, 유일하게 묵직한 쾌감을 느낄 수밖에 없도록 환경을 만들면 된다. 당연히 실력은 공부를 통해 몰입해 묵직한 쾌감을 느낄 때쯤 늘어난다.

## 🔍 효율적으로 스마트폰 사용하는 법

물론 요즘 세상에 스마트폰 없이 사는 건 비효율적인 측면도 있다. 그럼 공부를 하러 갈 때 아예 스마트폰을 집에 두고 간다든가, 화면 잠금앱을 이용해서 시간 제한을 걸어놓도록 하자. 태블릿도 인강을 볼 때를 제외하면 내 시야에서 없애 접근조차 할 수 없게 만들어놓아야 한다.

가끔 본인은 '자제력이 좋아서' 그런 것들이 옆에 있어도 상관없다는 학생들이 있는데, 정말 상관없는지 가슴에 손을 얹고 생각해 보자. 애초에 '자제를 해야 한다'는 것 자체가 신경을 쓴다는 말이고, 몰입이 깨졌다는 뜻이며, 에너지를 자제하는 데에 쓴다는 의미다. 우리는 '공부하는 게 제일 재밌는 환경'을 만들어야 한다.

같은 맥락으로, 가끔 나한테 '쉬는 시간에 몇 분까지 유튜브 봐도 돼요?'라고 묻는 학생이 있다. 정말 대답하기 곤란하다. 사실 하루에 1시간 정도 공부를 덜 한다고 해도 엄청난 차이는 없다(물론 시간이 365일 쌓이면 365시간이기 때문에, 더 하면 좋긴 하다). 하루에 1시간도 쉬지 말고 공부하는 것은 너무 야박하고, 그렇게 주장할 마음도 없다. 하지만 그 1시간 동안 유튜브를 보는 건 말리고 싶다. 공부를 통해서는 3~4시간 몰입해야 얻을 수 있는 쾌감보다 훨씬 큰 쾌감을 손쉽게 얻을 수 있다는 것이 문제다. 손쉽게 쾌감을 얻은 뇌는 굳이 몰입을 하고 싶어 하지 않기 때문이다. 실제로 나는 고3 때 3월부터는 쉬는 시간에도 유튜브 보는 것을 멈췄고 그전보다 훨씬 공부에 몰입할 수 있게 되었다. 쉬는 시간에는 잠을 자거나, 가볍게 EBS 문학 작품을 읽어보기를 추천한다.

'하루에 한 시간도 유튜브를 보지 말라니 너무하다'라고 생각할 수 있겠다. 하지만 조금만 생각을 달리해 보자. 우리가 유튜브를 보거나 SNS를 하는 이유는 재미, 즉 쾌감을 위해서다. 그 이상의 필요성은 없다. SNS를 통해서 친구들과 연락을 주고받거나 소식을 공유하는 것도 꼭 필요할 것 같지만, 막상 며칠만 안 해도 일상에 아무런 지장이 없다. 정말 친한 친구들은 메시지로도 충분히 연락할 수 있고, 이런 상황을 이해해 줄 것이다.

스마트폰을 하지 않고도 쾌감을 얻을 수 있다면 쉬는 시간에 굳이 스마트폰을 볼 필요가 없어진다. 우리는 그 쾌감을 몰입에서 느끼면 된다. 장담하건대, 몰입에서 느끼는 쾌감이 몇 배는 더 오래가고 상쾌하다.

# 생체 리듬은
# 생각보다 강력하다

## 🔍 일정한 루틴은 프로 정시 파이터를 만든다

가끔 전 세계적으로 성공한 사람들이나 유명 스포츠 선수들의 인터뷰를 보면 공통적으로 나오는 말이 있다. 'Consistency', 즉 '일관성'이다. 특히 스포츠 선수들은 매일 일정한 루틴과 식습관, 체력 훈련, 스킬 트레이닝, 수면 패턴까지 지키면서 최상의 컨디션을 유지한다고 한다. 어떻게 저렇게 1년 내내 최상급의 퍼포먼스를 일정하게 유지하는지 신기할 따름이다.

나는 수능을 준비하는 정시 파이터들은 스스로를 '프로'라고 생각해야 한다고 본다. 열심히 하는 데서 그치는 것은 아마추어다. 프로는 적극적으로 피드백을 하고 루틴을 만들어 컨디션을 늘 최상으로 유지해야 한다. 많은 10대, 20대가 수능, 이 하나의 시험을 위해서 소중한 1년을 바친다. 한편으로는 학창시절의 마침표이기 때문에 한 톨의 후회도 남기지 말아야 한다.

이런 점에서 수험생도 프로 못지않게 일정한 수면 시간과 식습관, 공부 패턴을 유지할 필요가 있다.


## 🔍 수능 두 달 전부터 루틴을 준비하라

인간의 생체 리듬은 강력하다. 두 달 정도 일정한 루틴을 지키면 어느 정도 신체가 그 루틴에 맞춰진다. 나는 6월 모의고사 전까지 매일 점심 먹고 엎드려서 30분씩 자는 루틴이 있었다. 식곤증이나 피로감을 해결할 수 있어서 나름 좋았다. 그런데 문제가 있었다. 긴장감이 맴도는 6월 모의고사 영어 시험을 볼 때 갑자기 졸음이 쏟아졌다는 것이다. 분명히 첫 평가원 모의고사여서 충분히 긴장한 상태였고, 전날 평소보다 잠도 많이 잤는데도 낮잠을 자던 루틴 때문에 머리가 멍해졌다. 도무지 시험지에 집중할 수가 없었다. 탐구 시험을 볼 때가 되니 멍함이 사라진 것을 봐서는 낮잠을 자는 루틴 때문임이 분명했다.

그 이후로는 모든 생활 루틴을 수능 시간표와 최대한 일치시켰다. 4시 이전에는 낮잠을 자지 않았고, 밥 먹는 시간과 기상 시간도 수능 당일을 고려해서 조정했다. 과목별로 공부하는 시간대도 웬만하면 국어, 수학, 영어, 탐구 순서로 공부했다. 이렇게 한 결과, 수능 당일에도 평소 모의고사를 볼 때의 컨디션을 유지할 수 있었다.

늦어도 수능 두 달 전, 즉 9월 모의고사 때부터는 수능과 동일한 루틴으로 생활하기를 추천한다. 가장 좋은 것은 6월 모의고사도 수능과 완전히 동일한 컨디션으로 보기 위해 3월부터 수능 루틴을 따르는 것이다.

꼭 수능 당일을 위해서가 아니더라도, 일관적인 루틴을 만드는 것은 불필요한 에너지 소비를 크게 줄여준다. 루틴이 확립되어 있지 않으면 일어나서 밥 먹는 시간, 다음에 무슨 공부를 할지 생각하는 것, 언제 집을 갈지 고민하는 것까지 전부 에너지를 소비하는 일이다. 수험생은 일과 중에 그냥 물 흐르듯 평소의 루틴을 따르는 것이 좋다. 매일 일정한 루틴으로 생활하면 에너지를 온전히 공부하는 데에 쓸 수 있다.

## 🔍 무조건 지키는 10시간의 법칙

'이상하다, 이 학생은 왜 성적이 안 오르지?' 하고 의문이 드는 학생들이 있다. 공부 방식도 흠 잡을 데가 없고, 메타인지 능력도 높은 학생들이었다. 이대로만 공부한다면 성적에 대한 고민은 없어져야 한다. 이것저것 물어보다, 공부 시간을 물어보게 되었다. 답변을 듣고 나니 이해가 되었다.

"하루에 3시간 정도 하는 것 같아요."

이후로 나는 컨설팅 사전 질문지에 꼭 공부 시간에 대한 내용을 기입하라고 한다. 아무리 좋은 공부 태도와 명석한 두뇌, 정확한 메타인지를 가지고 있어도 충분한 공부 시간이 뒷받침되지 않으면 말짱 도루묵이다. 이 책을 읽으며 앞으로 어떻게 공부할지 적극적으로 생각하는 것은 정말 좋은 태도다.

하지만 생각에서 멈춰서는 안 된다. 공부에 대한 생각을 하는 시간보다, 직접 공부를 하는 시간이 수십 배는 더 많아야 한다. 공부법을 고민하는 것은 반드시 필요한 과정이지만, 그 자체를 공부라고 착각하지 말자.

나는 '10시간의 법칙'을 믿는다. 10시간의 법칙이란, 한 분야에서 성공하려면 적어도 하루에 10시간은 몰입할 수 있어야 한다는 것이다. 수능 공부도 다를 것이 없다. 원하는 성적을 내기 위해서는, 적어도 하루에 10시간은 앉아서 공부에 몰입할 수 있어야 한다.

그리고 10시간 중 강의의 비중은 50%를 넘기지 않는 게 좋고, 수능에 가까워질수록 이 비중을 점차 줄여야 한다. 강의를 듣는 건 아는 것을 늘리는 과정이지, 직접 풀 수 있게 만드는 과정은 아니기 때문이다. 아는 내용이 적은 공부 초기에는 강의를 듣는 것이 도움이 되지만, 직접 적용해 보는 단계가 반드시 뒤따라야 된다.

현재 본인이 공부에 몰입할 수 있는 시간이 10시간이 되지 않는다면, 다른 어떤 공부보다 10시간을 몰입할 수 있는 이 능력을 먼저 확보해야 한다. 안타깝지만, 이 능력이 없는 사람은 원하는 결과를 이룰 가능성이 매우 희박하다. 내가 원하는 점수를 낼 수 있는지 판단하는 최소한의 '자격'이라고 생각하자. 만약 이 기준도 넘지 못한다면, 원하는 목표를 이룰 자격이 없다고 극단적으로 생각해도 말리진 않겠다.

처음부터 10시간을 몰입할 수 있는 사람은 별로 없을 것이다. 누구나 2~3시간만 지나면 몸이 꼬이고, 집중력이 흐려지는 것이 정상이다. 나도 처음에는 2시간 이상 집중하지 못하는 내 모습에 한숨이 나왔다. 하지만 10시간은 몇 가지 전략과 연습, 인내심이 있으면 누구나 충분히 확보할 수 있는 몰입 시간이다.

## 🔍 몰입 시간을 늘리는 몇 가지 전략

공부 시간을 한 번에 늘렸는지, 천천히 늘렸는지 궁금할 것이다. 공부 시간을 천천히 늘리면 그 속도가 매우 더딜 것이다. 지난주보다 1시간 늘렸지만, 조금이라도 의지가 약해진다면 다시 원상 복귀가 되는 것이 공부 시간이다. 따라서 그냥 한번에 10시간으로 늘리고, 집중이 잘되지 않더라도 무작정 앉아 있는 것을 추천한다. 그 뒤에 흐려진 집중력을 유지할 수 있는 몇 가지 전략을 소개하겠다.

먼저, 공부하는 과목과 교재는 자주 바꿔주는 것이 좋다. '한 우물만 파'라며 하루에 한 과목만 공부해야 더 효과적이라는 사람도 있는데, 이는 이미 과학적으로도 사실이 아님이 증명되었다. 하루는 수학만 공부해 보고, 다음 날은 여러 과목을 공부해 보면서 집중도를 비교해 보자. 차이를 느낄 수 있을 것이다.

인지과학에서 말하는 '인터리빙 학습법'이 있다. 한 과목이나 주제만 지속적으로 공부하는 것보다 여러 과목, 여러 단원을 공부하는 것이 더 효과적임을 주장하는 학습법이다. 여러 과목, 여러 단원을 교차해서 학습하면 초기에는 학습 능률이 저조할 수 있지만, 시간이 지날수록 효율이 높아진다. 더불어 높은 집중력까지 유지할 수 있다.

개인적으로는 대략 1시간 마다 교재나 유형, 과목을 바꾸는 것을 추천한다. 사람마다 그 주기는 다를 수 있지만, 나는 1시간이 지나면 집중력이 떨어지기 시작한다. 집중력이 떨어지기 직전에 다른 공부로 바꾸는 것이다.

　꼭 국어를 다 끝낸 후 수학, 수학을 끝낸 후 영어 공부를 하는 등 순서를 정형화할 필요도 없다. 국어 공부를 하다가 수학 공부를 하고, 다시 국어 공부로 돌아와도 아무런 문제가 없다. 단, 너무 자주 바꾸면 몰입을 방해할 수도 있으니 적당한 조절은 필요하다.

　다음은 인강과 암기 과목을 적극적으로 활용하는 것이다. 인간은 10시간 내내 똑같은 집중력을 유지할 수 없다. 보통 집중력은 오전에 서서히 올라오기 시작해서 12시쯤 최고점을 찍고, 점심 식사 직후에 급격히 떨어진다. 그 후 다시 천천히 올라 6~7시쯤 두 번째 최고점을 찍고, 다시 집중력이 분산되기 시작한다.

　수능 공부 중 높은 집중도를 요구하는 독서, 수학, 탐구 킬러 문제 등은 집중력이 최고점인 시간대에 공부하고, 상대적으로 낮은 집중도를 요구하는 EBS 공부, 문학, 영단어 암기 등은 나머지 시간대에 분배하자.

　예를 들면, 나는 집중도가 아직 덜 올라온 아침에는 문학 공부로 예열한 뒤, 높은 집중도를 요구하는 독서 공부를 했다. 그 후 집중도가 최고점일 점심시간에는 수학 공부를, 집중도가 급격히 떨어지는 점심 식사 직후에는 인강을 듣거나 간단한 영어 공부를 했다. 다시 집중력이 오르는 저녁 시간에는 고난도 탐구 문제 공부를 했고, 집중력이 거의 바닥인 밤에는 암기 및 예전에 했던 공부의 복습을 했다.

이처럼 본인이 언제 집중도가 높고, 언제 집중도가 낮은지를 알고 있으면 적재적소에 공부를 배치해 몰입을 길게 유지할 수 있다. 아직 자신의 집중력에 대한 메타인지가 부족하다면, 집중이 안 될 때마다 가벼운 공부(암기, 복습 등)를 해보며 자신을 관찰하는 일부터 시작하길 추천한다.

여기서 소개한 방법을 사용했는데도 여전히 10시간 몰입하는 게 힘들다면, 일단은 앉아 있자. 아직 집중력을 끌어올리는 연습이 덜 되어 있는 것이다. 주변의 공부보다 흡입력 있는 것(스마트폰, 만화책, 친구 등)을 전부 없애고, 10시간 타이머를 맞춰보자. 그리고 매일 10시간이 되기 전까지는 화장실이나 간단한 식사를 제외하고는 최대한 집중력을 유지하도록 연습하는 것이다.

앞에 수록한 수능 수기를 보면 알겠지만, 나도 10시간 동안 앉아 있는 능력을 기르는 것부터 시작했다. 처음에는 정말 고통스러웠지만, 과목을 바꾸고 암기 과목과 인강을 적당히 활용하다 보니 점점 익숙해졌다. 그리고 자연스럽게 몰입할 수 있었다.

다만 고3 학생이나 다른 일과 수능 공부를 병행하는 수험생은 상황상 이만큼의 시간을 확보하지 못할 수도 있다. 그렇다면 가능한 시간 안에서 최대한 시간 분배를 해야 한다. 아래와 같은 네 가지 상황으로 간략히 나눠보겠다.

① 완벽하게 집중할 수 있는 경우: 방과 후나 점심시간의 도서관 등 온전히 집중할 수 있는 환경이다. 이때는 어려운 수학 문제나 독서 공부, 탐구 킬러 문제 등 높은 집중도를 요하는 공부를 하는 것이 좋다.

② 집중은 할 수 있는데 손을 못 쓰는 경우: 이동 시간이나 밥 먹을 때, 잠자기 전의 상황이다. 암기와 복습 위주의 공부를 하면 된다. 수학 개념 암기, 탐구 개념 암기, 국어 EBS 작품 공부, 영어 단어 암기, 오답 노트 읽어보기 등이 있다.

③ 집중은 잘 못하는데, 손은 쓸 수 있는 경우: 시끄러운 쉬는 시간, 수업 시간 등 집중하기가 쉽지 않은 환경이다. 이때는 머리를 크게 사용하지 않을 수 있는 단순하고 반복적인 공부를 하는 것이 좋다. 쉬운 수학 문제를 계산 연습용으로 풀어보거나, 미뤄 놨던 오답 노트 정리 등을 하면 된다. 가장 좋은 것은 인강을 수강하는 것이나, 이어폰을 쓸 수 없다면 상황이 여의치 않을 확률이 높다.

④ 집중도 못하고 손도 못 쓰는 경우: 이 상황이라면 스트레스 받지 말고, 주어진 상황에 집중하는 편이 낫다. 어차피 어떤 공부를 해도 큰 도움이 안 될 것이다. 오늘 무슨 공부를 할지 계획을 세우거나 얻은 교훈을 다시 떠올려 보는 정도가 최선이다.

공부 시간과 공부 방법은 실력 상승이라는 마차의 두 바퀴다. 하나라도 부족하면 마차는 더 이상 앞으로 나아가지 못한다. 공부 시간을 쏟아부어도, 쳇바퀴를 벗어나지 못하는 공부 방법을 고수한다면 제자리다. 마찬가지로 훌륭한 공부 방법을 알고 있어도 직접 시간을 들여서 적용하지 않는다면 무용지물이다. 꼭 함께 굴러갈 수 있도록 의식적으로 노력을 기울여야 한다.

# 04

# 자기 전에 하는 생각이
# 내일을 결정한다

## 🔍 잠들기 전 시간을 허비하지 말라

하루의 끝, 침대에 누워 있는 시간은 단순한 휴식 시간이 아니라 오늘을 정리하고 내일을 준비하는 의미 있는 시간이다. 특히 수험생들은 이 시간을 몰입과 마음가짐 정비를 위한 시간으로 활용하면 좋다. '자기 전에 하는 생각이 내일을 결정한다'라는 말처럼, 잠들기 전의 생각은 우리의 잠재의식에 깊이 각인되어 다음 날에 큰 영향을 미친다.

잠들기 전 긍정적이고 발전적인 자기 대화는 실제로 평상시의 내 생각으로 연결된다. 심리학에서는 이를 '자기 암시'라고 부르는데, 이는 자존감과 성취 동기를 높이는 데 효과적이다. 나는 자기 전에 몇 가지 자기 암시를 통해 자기 확신을 길렀다.

먼저, 몰입이 느슨해지는 것을 경계하기 위해 '수능 전날, 내가 후회하지 않을 하루를 보냈는가?'를 매일 스스로에게 질문했다. 내게는 이 질문이 빈틈없이 몰입했는지를 판단하는 가장 객관적인 질문이었다. 앉아 있긴 했지만, 진정으로 몰입하지 못한 순간이 있었다면 자신 있게 '그렇다'라고 대답할 수 없기 때문이다.

사실 나도 100%의 확신을 가지고 '그렇다. 후회하지 않을 것 같다'라고 대답한 적은 많지 않다. 하루의 기억을 하나씩 되새겼을 때, '이렇게 했으면 더 좋았을 텐데'라는 생각이 들기 마련이다. 하지만 스스로에게 이 질문을 던지고, 그 다음 날은 조금 더 빈틈없이 보내겠다고 다짐하는 것 자체가 그 순간에는 최선을 다하고 있다는 증거다. 이런 날들이 쌓여서 결국 1년 뒤에는 후회 없는 수험 생활을 보냈다는 생각을 만든다.

오늘 아침부터 공부한 내용을 찬찬히 떠올리면서 얻었던 교훈을 복기하는 것도 좋다. 한 번 더 복기하는 것만으로도 머릿속에 더 확실하게 각인시킬 수 있기 때문이다.

이 책의 공부 방법을 잘 수행하고 있다면, 새로 알게 된 교훈은 전부 노트에 기록하고 있을 것이다. 하지만 노트에 기록하는 것도 결국은 머릿속에 넣기 위한 하나의 도구다. 따라서 매일 밤 당일의 공부 내용을 떠올리는 것은 아주 좋은 기록의 방법이다.

## 🔍 불안해한다고 해결되는 건 없다

수험생에게 불안이라는 감정은 떼려야 뗄 수 없는 존재다. 아무리 공부를 잘하고 평소에 좋은 성적을 받는 학생도 100% 자신을 믿으며 전혀 불안해하지 않는 것은 아니다. 따라서 그 불안감에 잠식되지 않게 매일 자기 확신의 메시지를 스스로에게 던지는 것이 중요하다.

나는 매일 자기 전 내 꿈을 떠올리며 '이룬다'라는 자기 암시를 했다. '할 수 있다', '이룰 수 있다' 같은 말들은 단순히 응원하는 느낌이 들어서 크게 다가오지 않았다. 그래서 '이룬다'라고 되뇌었다. 평소에도 '내가 할 수 있을까?', '망치면 어떡하지?'라는 생각이 슬쩍 고개를 들 때면 나는 '이룬다'라고 확정적으로 말하면서 불안감을 잠재웠다. 이런 식으로 스스로에게 단호하게 말하면, 그에 걸맞은 노력을 하기 위해서 더욱 최선을 다하게 된다.

참고로 나는 '꿈'과 '외적 목표'의 차이는 욕망의 유무에 있다고 생각한다. 꿈은 정말 깊은 곳에서 비롯된 욕망이 만드는 것으로, '이상'에 가깝다. 생각만 해도 가슴이 뛰고 힘이 막 샘솟는 것이다. 이 꿈은 사람마다 다르겠지만, 나는 의사가 되는 것이 꿈이었다. 반면 '외적 목표'는 욕망이 크게 안 담긴 것이다.

예를 들어 '수능 1등급' 같은 것이다. 수능 1등급을 생각하는 것만으로 막 가슴이 뛰고 열정이 넘치는가? 사실은 1등급을 받음으로써 누릴 대학 생활이나 미래의 직업, 주변의 시선을 원하는 것이다. 이럴 경우 대학 생활, 미래의 직업, 주변의 시선은 꿈이고, 수능 1등급은 목표다.

꿈은 생각할수록 원동력을 얻을 수 있기 때문에 힘이 빠질 때마다 떠올리는 게 좋다. 하지만 외적 목표에 집착하면 오히려 슬럼프에 빠질 수도 있으므로 깊게 생각하지 말고, 당장 눈앞에 있는 일을 하는 게 좋다.

잠들기 전, 어떤 생각을 할 것인가? 몰입의 여부, 학습 교훈, 자기 확신을 생각하면서 잠들면 내일의 나는 오늘의 나보다 한 단계 더 발전해 있을 것이다. 그거면 충분하다. 하루에 딱 한 단계씩만 발전하다 보면 어느새 몰라보게 발전한 나 자신을 발견할 수 있다.

## 🔍 수능 당일 컨디션 관리 방법

평소에 수능의 루틴을 잘 지켜왔다면, 수능 당일이라고 해서 특별한 컨디션 관리를 할 필요는 없다. 컨디션 관리를 하겠다고 안 먹던 영양제를 먹는 등 평소의 루틴을 깨는 것이 더 위험하다.

'실전은 연습처럼, 연습은 실전처럼'이라는 말이 괜히 있는 것이 아니다. 평소와 똑같이 전날을 보내고, 평소와 똑같이 일어나서 시험을 치르고 오면 된다.

다만 한 가지 주의해야 할 점은, 극도로 긴장하면 생활 루틴이 깨질 수 있다는 것이다. 가장 흔히 일어나는 상황이 전날 잠에 들지 못하는 것이다. 나도 수능 이틀 전, 잠이 너무 오지 않아서 2~3시간밖에 못 잤다. 컨디션을 관리를 한다고 며칠간 잠을 많이 잔 데다, '자야 된다'라는 압박감이 심해 잠을 더 못 잔 것 같다. 다행히 그때 잠을 많이 못 자서인지 전날은 푹 잘 수 있었다.

설령 수능 전날에 잠이 안 온다고 하더라도 자야 한다는 강박을 가지면 안 된다. 잠을 못 자서 얻은 불이익보다 '못 자서 망했다'라는 생각 때문에 멘탈이 무너지는 것이 더 치명적이다. 눈을 감고 있어도 피로가 풀린다는 생각으로 누워 있기라도 해야 한다. 잠이 안 온다고 다시 공부를 시작하는 것은 최악이다.

수능 당일에 가장 중요한 것은 마음가짐이다. 마음가짐 하나만으로 이때까지 쌓아온 실력을 전부 쓰지 못할 수도, 한계 이상으로 쓸 수도 있다. '실수 없이 아는 것만 풀고 오겠다'라는 마음가짐이 베스트다. 무조건 제일 잘 봐야겠다고 생각하면 긴장감이 증폭되어 오히려 제 실력을 발휘하지 못한다. 내가 아는 것보다 많이 맞히고 싶다는 생각은 욕심이다. 시험장에서 보고 풀 수 있는 문제는 내 실력에 맞는 문제이고, 풀 수 없는 문제는 내 실력을 넘어서는 문제다. 내 실력을 넘어서는 문제는 틀리는 것이 당연하기 때문에, 마음 편히 넘기면 된다.

같은 맥락에서 실전적인 마음가짐을 알려주자면, '막히면 무조건 넘기자'이다. 내가 컨설팅 하는 학생들에게 시험 직전 가장 강조하는 마음가짐이자 시험 시작 전에 꼭 되뇌라고 부탁하는 말이다. 막히면 무조건 넘겨야 한다. 수능에서 망하는 가장 쉽고 빠른 길은 막힌 문제를 잡고 있다가 풀 수 있는 문제들까지 모두 못 푸는 경우다. 평소 실력보다 수능을 못 본 학생의 90% 이상이 이런 경우다.

다만 이 마음가짐은 생각보다 쉽게 실천할 수 있는 게 아니다. 훈련 없이는 막힌 문제를 쉬이 넘기지 못하는 것이 인간의 본성이다.

만약 100% 수령할 수 있는 10억 원과 50% 확률로 수령할 수 있는 100억 원 중에서 골라야 한다면 무엇을 고를 것인가? 아마 대부분 확실히 보장된 10억 원을 고를 것이다. 확률적으로 생각하면, 후자의 기대 수익이 50억 원이기 때문에 후자를 골라야 하지만, 인간은 손실을 회피하는 경향이 있기 때문에 전자를 선호한다.

막힌 문제를 잘 넘기지 못하는 것도 같은 이유다. 문제를 넘기는 순간, 손실을 확정 짓는 것처럼 느껴지기 때문이다. 하지만 이는 확률적으로 매우 잘못된 생각이다. 막힌 문제를 넘기는 것이 확률적으로 높은 성적을 받을 가능성이 훨씬 높기 때문이다. 따라서 평소에 사설 모의고사를 풀 때도 의식적으로 막힌 문제를 넘기는 습관을 들여야 한다. 그래야 수능 당일에도 '막히면 넘기자'를 직접 실천할 수 있다.

마지막으로, 2교시부터는 '앞에 본 시험은 100점이다'라는 생각도 할 수 있어야 한다. 막히는 문제를 넘기지 못해서 수능을 망친 학생이 가장 많다면, 두 번째로 많은 유형은 앞 과목의 시험을 망쳐서 멘탈이 나간 학생이다.

하지만 기억해야 할 것이 있다. 내가 어려우면 남들도 어렵다는 것이다. 내가 국어에서 멘탈이 나갔다면, 상당수의 학생들도 비슷한 상황이다. 수능은 상대평가이기 때문에, 내 생각보다 입시에 반영되는 점수가 높을 때가 있다. 이런 상황에서 국어 시험을 망친 것이 수학 시험에까지 영향을 미친다면, 나만 손해다. 아무리 앞의 시험이 어려웠고 정답을 못 고른 문제가 많았어도, 찍은 것이 다 맞아서 나는 100점을 맞았을 거라고 믿어야 한다. 그래야 그다음 시험에 미치는 영향을 최소화할 수 있다.

# 4부

## 최상위권

## 수능 만점자가 되는 길

9장

모의고사 등급별

수능 전략의 모든 것

# 최상위권이 안정적인
# 1등급을 유지하는 방법

　이미 전 과목이 최상위권이라면, 1등급을 유지하는 것과 더불어 전 과목을 만점권으로 끌어올리는 것에 집중해야 한다. 평소에 만점에 가까운 성적이 나와야 수능에서 조금 미끄러지더라도 1등급을 유지할 수 있다.

　최상위권이라면 이미 개념도 잘 숙지하고 있고, 문제 풀이도 많이 거쳤기 때문에 웬만한 기출 문제는 전부 풀 수 있을 것이다. 따라서 무엇보다 본인의 약점을 보완하고, 실수를 방지하는 연습, 그리고 실전 연습을 통해서 안정적인 점수를 받는 것에 집중해야 한다.

　보통 최상위권들은 본인의 약점을 잘 알고 있다. 어려운 독서 지문, 난해한 문학 작품, 수학 킬러 문제 등이 대표적인 약점이다.

늦어도 9월 모의고사 전까지 자주 틀리는 유형을 따로 정리해 이 약점을 메워놓아야 한다. 9월 모의고사 이후에는 약점을 보완할 시간도 충분하지 않고, 모든 과목에 공평한 시간을 투자해야 한다. 따라서 부족한 과목이나 영역의 유형 문제를 풀거나, 강의를 발췌해서 수강하거나, 선배의 도움을 받는 등 약점을 최대한 빠르게 보완해야 한다.

특히 의대 입시에서는 하나의 실수도 매우 치명적이다. 단 한 문제 차이로 합격 여부가 갈리기 때문이다. 실수를 대수롭지 않게 여기는 태도는 절대 금물이다. 정말 사소한 실수였어도, 또 실수할 확률이 높다는 생각으로 노트에 기록하고, 지속적으로 읽어야 한다.

실수를 어느 정도 인지하고 잡았다면, 다음은 실전 연습이다. 실전 연습을 위해서는 사설 모의고사를 많이 풀어보는 걸 추천한다. 혼자서 유형별 공부를 할 때에는 문제가 잘 풀렸는데, 문제를 섞어놓으면 안 풀렸던 적이 있을 것이다. 유형별 문제집은 사용해야 하는 풀이법이 굉장히 제한되어 있지만, 모의고사는 일단 이 문제가 어떤 유형인지부터 판단해야 하기 때문이다. 사소한 차이 같아 보여도 체감하는 난도가 매우 다를 수 있다. 수능 대비 문제집은 대부분 유형별 문제집이기 때문에, 꼭 실전 모의고사를 많이 풀어보길 추천한다.

실전 모의고사를 강조하는 또 다른 이유는, 모의고사를 통해서만 시험 운용 전략을 세울 수 있기 때문이다. 예를 들어, 어떤 순서로 풀어야 하는지, 어느 정도 시간이 소요되면 다음 문제로 넘겨야 하는지, 어떤 변수가 있는지 등을 모의고사를 통해 대비할 수 있다. 나는 수학 모의고사만 150개 넘게 풀었는데, 이렇게 풀다 보면 '잘 볼 수 있을지는 모르겠지만 망하지는 않을 것 같다'라는 생각이 자연스럽게 든다.

최상위권일수록 주의해야 할 점도 있다. 대표적인 것이 '예측하기'이다. 기출 학습이 잘되어 있기 때문에 요즘에는 어떤 문제 유형이, 어떻게 출제되는지 시험의 기조를 잘 알고 있다. 하지만 기조는 단순히 과거의 특징일 뿐이다. 올해 수능이 어떻게 출제될지는 아무도 모른다. 매년 출제위원으로 들어가는 교수님도 달라진다. 따라서 '요즘 기조'를 근거로 강약을 조절하며 공부하는 태도는 좋지만, 특정 내용을 아예 배제해서는 안 된다.

예를 들어 '이 유형은 더 이상 나오지 않아'라고 확신한다든가, '이 EBS 작품은 안 나올 것 같아'라고 예측해서는 안 된다. 수능에서는 생각지 못한 일이 일어날 수 있고, 만점권을 목표로 하는 학생이라면 모든 것에 대비한다는 마음가짐을 갖고 있어야 한다.

또한 시험장에서 '평소에 이 정도 문제는 쉽게 풀었는데…'라는 생각으로 막힌 문제를 넘기지 못하는 것도 경계해야 한다.

'이 정도 문제는 풀어야 해'라는 생각은 굉장히 위험한 생각이다. 그 문제에 발이 묶여 쉽게 풀 수 있는 문제들까지 틀릴 수 있기 때문이다. 시험장에서 막힌 문제를 만나면 유형이나 번호대에 상관없이 무조건 넘기고 봐야 한다. 이 말을 무시했다가 평소보다 몇 등급 아래의 점수가 나오는 대참사가 일어날 수 있다. 수능에서 최상위권의 목표는 잘 보는 것도 중요하지만, 망하지 않는 것이 최우선되어야 한다.

# 2~3등급에서 1등급으로 올라가는 방법

　많은 학생이 2~3등급에서 1등급으로 올라가지 못하고 좌절한다. 어느 정도 강의를 듣고 문제를 풀면 3등급 정도는 나올 수 있지만, 1등급이 나오기 위해서는 눈에 보이지 않는 어떤 '벽'을 넘어야 하기 때문이다. 사실 이 책의 내용이 대부분 그 '벽'을 넘기 위한 방법들이라고 보면 된다. 2~3등급이라면 여기서 소개하는 방식을 최대한 공부에 적용시켜 보자.

　컨설팅을 받으러 오는 학생 중 가장 많은 비중을 차지하는 학생이 바로 3등급의 실력을 가진 이들이다. 공부를 하긴 했지만 제대로 된 방법으로 하지 않아서 점수가 제자리인 학생들이다. 이들의 가장 큰 문제점은 무작정 강의를 듣고 문제를 푸는 수동적 태도에 있다.

앞서 계속 강조했지만, 중요한 내용이니 한 번 더 짚고 넘어가겠다. 강의나 교재가 실질적으로 점수에 미치는 영향은 10% 미만이다. '본질적으로 발전할 수밖에 없는 공부 방식'에 대한 고민을 하지 않는 공부 태도에서 문제점을 발견해야 한다. 비판적인 피드백이 없는 공부는 공부가 아니다. 무작정 강의를 듣고 교재를 풀지 말고, 어떻게 하면 시험장에서 직접적으로 도움이 될 공부를 할 수 있는지 고민해야 한다.

강의나 해설지를 이용해서 공부를 한다고 해보자, "아, 이 문제는 이렇게 푸는구나"라고 이해하고 넘어가지 않았는가? 그건 '문제'에 대한 피드백이지, '자신'에 대한 피드백이 아니다. 수능 시험장에는 오직 내 두뇌만 가져갈 수 있다는 점을 잊지 말자.

더 나아가 '이 문제를 맞히기 위해서는 내가 어떤 태도로 비슷한 문제들을 접근해야 하는가'를 고민하는 것이 진짜 공부이고, 1등급의 벽을 넘을 수 있는 공부다.

또한 2~3등급대 학생들은 그 어떤 등급대 중에서도 가장 많은 문제 풀이 양이 필요하다. 1등급의 벽을 넘은 학생들 중에서 문제 풀이 양이 적은 학생은 단 한 명도 본 적이 없다. 역시 수학 2~3등급에서 확실한 1등급으로 실력이 올랐다고 느낀 순간이 바로 N제를 50권 넘게 푼 시기였다. 이건 정말 장담할 수 있다.

개념 학습을 잘 끝냈다면, 대부분의 공부 시간을 혼자 문제를 푸는 데에 쓰도록 하자. 좋은 강의를 듣는다고 성적이 저절로 오르는 것이 아니다. 혼자 고민하고, 아는 풀이법을 적용해 볼 때 성적이 오르는 것이다.

# 3~4등급에서 상위권으로 치고 올라가는 방법

상위권으로 도약하기 위해 3~4등급 학생에게 가장 중요한 것은 기본 개념의 철저한 이해다. 보통 개념을 제대로 암기하지 않거나 단편적인 이해로 문제를 푸는 경우가 많다. 국어의 문법이나 고전 어휘, 수학의 정의와 공식, 영어의 단어와 탐구의 개념까지 전부 이해와 암기가 동반되어야 한다.

개념을 철저히 공부해 남에게 직접 설명할 수 있을 정도가 되었다면, 올바른 문제 풀이 태도를 유지하며 많은 양의 문제를 풀어야 한다. 새로운 문제를 충분히 풀면서 기존의 오답 문제의 복습까지 해야 한다. 오답 분석을 효율적으로 하려면, 문제 풀이때 얻은 교훈과 태도 개선 전략을 노트에 간략히 기입하면 좋다. 그리고 기록 후 주기적으로 노트를 읽으며 기억을 강화해야 한다.

따라서 3~4등급 학생들은 개념과 문제 풀이의 균형을 잡는 것이 먼저다. 개념은 어느 정도 알지만 완벽하게 아는 상태가 아니고, 문제 풀이 양도 충분치 않다. 개념을 완벽히 다진 뒤 이를 바탕으로 한 문제 풀이를 통해 실력을 쌓는 균형 잡힌 학습이 필요하다.

오답 노트를 정리하다 보면, 오답에도 특정한 패턴이 있음을 발견할 수 있다. 특정 논리나 계산 과정, 단원 등에서 반복되는 실수를 인지하고, 의식적으로 집중해 보완을 해야지 스스로 약점을 극복할 수 있다.

과외나 컨설팅을 하다 보면, 3~4등급 학생들이 슬럼프를 가장 많이 겪는다. 공부해도 안 될 것 같은 마음에 포기하거나 '내일은 진짜 공부해야지'라는 생각은 하면서 종일 딴짓을 한다. 그런데 마음은 여전히 찝찝하고 죄책감을 느껴서 노는 것도 아니고 공부하는 것도 아닌 채 시간을 허비한다. 목표와 이상은 높고 나름 최선을 다한 것 같은데, 현실이 그만큼 따라오지 않아서 그렇다.

슬럼프를 극복하는 방법은 여러 가지가 있겠지만, 가장 좋은 방법은 일단 공부하는 것이다. 공부를 회피해서 도망쳐도 어차피 수험생이다. 잔인하게 들려도 어쩔 수 없다. 수험생인 이상 수능이 끝날 때까지는 마음 편히 놀거나 쉬지 못한다. 그냥 계속 기분이 안 좋은 상태로 지낼 수밖에 없다.

일단 책상에 앉아 무언가라도 하면서 몰입의 상태에 들어가려고 노력해야 한다. 그러다 한번 몰입의 상태에 들어간다면, 슬럼프는 거짓말처럼 없어질 것이다. 쉬는 날은 딱 하루, 숙면을 취하는 것으로 충분하다.

# 4등급 이하, 올바른 공부를 시작하는 방법

4등급 이하의 학생들은 우선 자신이 왜 지금의 점수인지 객관적으로 분석할 필요가 있다. 성적에 변화가 있을 정도의 충분한 공부를 하고 있는지, 개념이 제대로 잡혀 있는지, 문제에 적용할 수 있을 정도로 공부를 많이 하는지 등을 먼저 파악해야 한다. 보통 이 세 가지 항목 중 하나가 지켜지지 않기 때문에 상위권으로 도약하지 못한다.

감을 못 잡는 학생들을 위해 대략적인 가이드를 주겠다. 공부 시간의 경우, 하루 최소 8시간은 공부해야 변화가 일어나기 시작할 것이다. 그 이하의 시간은 '아는 것이 많아진 느낌'만 들 뿐이다. 물론 공부 시간보다는 생각의 양이 중요하긴 하지만, 전자가 더 측정하기 쉽기 때문에 보통 공부 시간을 기준으로 얘기한다.

최소 시간인 8시간도 앉아 있지 못한다면, 무엇보다 공부 시간 늘리기를 최우선적인 과제로 두자. 학교를 다니더라도, 자습 시간과 쉬는 시간을 잘 이용하면 8시간 정도는 충분히 채울 수 있다. 성적 상승을 위한 필수 과정이라고 생각하면 된다.

다음은 개념을 제대로 알고 있는지 확인할 차례다. 4등급 이하의 학생에게 정의와 공식의 증명 등을 물어보면 대다수가 답을 잘 하지 못한다. 개념 강의를 한 번 정도 들으면서 이해를 했거나, 기본 유형 문제를 풀었다고 개념을 공부한 것이 아니다. 이건 착각이다. 내가 개념을 제대로 아는지 확인할 수 있는 가장 쉬운 방법은, 빈 종이에 아는 내용을 모두 적어보는 것이다. 적지 못하거나 설명하지 못한 내용은 철저히 모르는 것으로 간주해야 한다.

개념이 탄탄하지 않은 상태에서의 문제 풀이는 주입식 공부일 뿐이다. 유형과 풀이 과정을 외워서, 비슷한 유형이 나오면 그 풀이 과정을 대입해 푸는 것이다. 이렇게 공부하면 여러 유형이 융합된 문제나, 조금이라도 변형된 유형은 손도 대지 못한다는 치명적 문제가 발생한다. 우리는 개념과 문제를 유기적으로 연결해서 공부해야 한다.

간혹, 문제 풀이를 이해하기도 바쁜데 언제 개념까지 암기하냐고 말하는 학생이 있다. 문제를 풀면 개념은 자동으로 암기가 된다고 착각하기도 한다. 하지만 모든 이해와 응용은 암기에서 시작된다. 수학은 암기 과목이 아니지만 공부는 암기에서 시작되어야 한다. 확실히 아는 것이 있어야 그 지식을 바탕으로 문제 풀이에 응용하는 것이다.

마지막으로, 문제에 적용할 수 있을 정도로 많이 공부했는지도 점검해야 한다. 단순히 강의를 들었다고 그 지식이 완전히 내 것이 되는 것은 아니다. 강의만 듣고 공부를 했다는 것은, 자유형 자세만 배우고 수영을 할 수 있다고 말하는 것과 똑같다. 실전에 들어가면 아무것도 안 배운 상태와 다를 게 없다. 반드시 직접 물에서 수영하는 과정, 즉 문제를 손으로 직접 풀어보는 과정이 수반되어야 한다.

10장

수능을 앞둔 당신에게

내리는 특약 처방

# 01
# 내가 고른 게
# 정답이라는 마음가짐

수능 전날, 떨리지 않는 사람은 없다. 아무리 공부를 많이 했어도 수능 결과 하나에 모든 것이 결정되기 때문에 약간의 긴장과 불안, 떨림은 있을 수밖에 없다. 오히려 최선을 다하지 않은 사람이 가볍게 시험을 본다. 지금 이 순간 떨리고 긴장된다면, '아, 그래도 내가 1년 동안 진심으로 수능을 준비했구나' 정도로 생각하고 받아들이면 된다.

굳이 불안감을 떨쳐내려고 노력할 필요는 없다. 수험생이라면 불안감은 안고 가는 것이다. 불안감을 해소하는 데 집중할 것이 아니라, 당연한 감정으로 받아들이고 현재 눈앞에 놓인 공부에만 집중하면 된다. 머리와 손이 바쁘면 잡념은 덜 생긴다. 무엇이라도 끄적이고 공부를 해서 머릿속에 불안이 침범할 틈을 주지 말아야 한다.

사실 이성적으로 생각하면 불안해할 이유가 없다. 수능 당일에는 제한된 시간 안에 풀 수 있는 문제를 다 풀고 오면 된다. 애초에 못 푸는 문제를 맞히고 싶어 하는 것 자체가 욕심 아닌가? 진정한 공부는 맞힐 수 있는 문제를 늘려가는 과정이다. 수능에서 자신이 아는 문제를 실수 없이 다 맞혔다면 엄청난 성공이다. 그러니 내가 풀 수 있는 문제만 다 풀고 오겠다고, 못 푼 문제는 하늘의 도움으로 찍어서라도 맞히고 오겠다고 마음먹는 것이 좋다.

'내가 고르면 정답이다!'라고 생각하면 불안 해소에 큰 도움이 된다. 애매함에 빠지지 마라. 특히 중요한 시험에서 평소라면 고르고 넘어갔을 문제도 불안해서 두 번, 세 번 더 보면서 시간을 허비하는 경우가 많다. 이러면 시간이 부족해지기 때문에 마지막 한 지문을 통째로 날리는 등의 최악의 상황에 빠질 수도 있다. 불안해하지 말고 시험장에서도 평소처럼 답인 것 같은 선지가 보이면 빠르게 고르고 넘겨야 한다.

잠들기 직전에는 시험장에서 일어날 수 있는 변수를 생각하면서 잠드는 것을 추천한다. 예를 들어 갑자기 영어 듣기가 안 들리거나, 책상이 심하게 흔들린다든가, 시계가 멈춘다든가, 히터가 고장난다든가, 화장실 줄이 너무 길다든가 등 수능을 방해할 수 있는 변수를 최대한 떠올려 보자. 이왕이면 최선의 해결 방안까지 생각해 보는 것이 좋다.

마음을 비우고 시간 안에만 끝내면 된다. 설령 잠을 못 자서 밤을 새우고 왔더라도 '해야 할 것'만 하면 되는 게 시험이다.

아무리 본인이 모든 상황을 완벽히 대비했다고 하더라도 변수는 무조건 존재할 수밖에 없다. 그러니 시험장에서 어떤 생각지 못한 일이 일어나면 '아, 이게 오늘 무조건 일어나는 변수 중에 하나구나'라고 생각하고 침착하게 대처하면 된다. 억울해하거나 동요하거나 화를 낼 시간이 없다.

분명 지금까지 공부하면서 아쉬웠던 점이 있었을 것이다. 후회되는 점도 있고, 부족한 점도 끝날 때가 되어서야 보인다. 나도 그랬다. 하지만 그건 어쩔 수 없다. 지금은 실력이 늘어서 더 좋은 방법이 보이는 것이지, 막상 그때로 돌아가면 똑같은 선택을 했을 것이다. 따라서 지금 할 수 있는 것은 딱 하나, 과거의 나로부터 얻은 실력과 경험으로 후회 없이 마무리를 짓는 것이다.

물론 결과에 아쉬움이 남으면 한 번 더 도전할 수도 있다. 근데 그건 수능이 끝나고 천천히 고민해 보면 되는 일이다. 지금은 앞만 보고 차분히 마음의 준비를 하면 된다. 남은 시간은 고요하고 담담하게, 너무 들뜨지도 말고 지치지도 말고 수능 당일을 기다리면서 보내는 것이다.

# 02

# 수능 당일,
# 이렇게 준비하라

평소 모의고사를 많이 풀어본 학생이라면 수능 시험 중에 '사설 모의고사와 굉장히 비슷하다'라는 느낌을 받을 것이다. 단지 스스로 조금 더 긴장할 뿐이다. 내가 가르치는 학생들에게 수능이 30일 정도 남은 시기에는 전날까지도 새로운 문제를 많이 풀어보라고 한다. 나는 실전 모의고사를 풀면서 혹시 출제될지도 모를 지엽적인 부분이나 빈틈을 찾았다. 오답 정리는 이때 하는 게 아니다. 이미 해뒀어야 하고 남은 기간에는 그 정리를 마지막으로 읽어보면서 '아, 맞아 이랬었지' 하며 복기해야 한다.

수능 시험장에 챙겨 가야 할 준비물은 다음과 같다.

**수능 당일 준비물**

- 수험표
- 가채점표
- 신분증
- 수정테이프
- 지우개
- 초콜릿
- 겉옷(안에는 반소매나 얇은 긴소매)
- 물
- 도시락
- 아날로그 수능 시계
- 과목별 정리본
- 귀마개(시험 전에 감독관에게 미리 검사를 맡으면 사용할 수 있다)
- 물티슈
- 개인 상비약
- 샤프심

　　모든 전자기기는 반입 금지다. 시험 중간에 발각된다면 불이익을 받을 수 있으니 시험장에 들어가기 전 다시 한번 확인하길 바란다. 조금이라도 애매한 것은 시험 전 감독관에게 물어봐서 확인하는 것이 좋다.

대부분 잘 챙기겠지만, 몇 가지는 설명을 하겠다. 가채점표는 수능이 끝나면 시험지와 OMR을 모두 걷어 가기 때문에, 성적표가 나오기 전에 점수를 채점해 보려고 쓰는 것이다. 감독관에게 허락을 맡고, 수험표 뒤에 붙이면 된다. 가채점표는 선택 사항이다. 시간이 부족할 때 OMR은 미리 써야 하는 반면, 가채점표는 적지 않는 것이 맞다. 만약에 가채점표를 적을 여유가 있다면 OMR을 보면서 순서대로 빠르게 채워 넣으면 된다.

샤프심은 배부되는 수능 샤프 안에 몇 개가 들어 있어서 굳이 따로 안 챙겨 가도 된다. 하지만 샤프심에 민감한 사람은 미리 준비하는 것이 좋다. 손목시계는 필수다. 수능 시험장에는 따로 시계가 비치되어 있지 않다. 그리고 두 번째 탐구 시간은 정시에 시작하는 것이 아니라 7분부터 시작하기 때문에 손목시계 보는 연습도 미리 해두어야 한다. 익숙하지 않으면 남은 시간을 착각해 OMR 마킹을 못 하는 상황이 일어날 수 있다.

탐구 영역 시간에는 부정행위가 많이 나온다. 감독관이 하지 말라는 것을 안 하면 된다. 1선택 때 2선택 시험지 보지 말고, 2선택 때 1선택 답 수정하지 않고, 봉투에 시험지 잘 넣어놓는 등 기본적인 것만 지키면 문제 되는 일은 없다.

수능 당일, 쉬는 시간에는 그다음 교시의 자료를 보면 된다. 나는 아침에 독서 기출 3개, 사설 2개로 국어 시험에 대비했고, 수학 시험 직전에는 수학 오답 노트를 봤다. 점심시간과 탐구 시험 직전에는 탐구 행동 강령을 봤다. 한국사 시간에는 탐구 개념 백지 복습을 한 번 더 했다. 아무리 아는 내용이라도 한번 기억을 출력하면 탐구 시험 볼 때에도 빠르게 떠올릴 수 있기 때문에 꼭 해보길 추천한다.

# 03

# 시험은
# 기세다

'머리는 차갑게'는 내가 가장 좋아하는 마음가짐이자 멘탈의 중심을 잡아주는 말이다. 이 문장을 떠올리면 긴장, 불안, 걱정, 잡생각이 날아가고 이성적으로 생각할 수 있는 느낌이 든다. 집중력이 흐트러질 때마다 이 '머리를 차갑게'란 말을 떠올렸다.

시험은 누구에게나 어렵다. 또, 내가 어려우면 남들도 어렵다. 체감 난도는 대부분 비슷하기 때문이다. 스스로 1년간 공부했던 지난날에 자신감이 있다면 남들은 나보다 더 어려울 것이다.

수능 당일의 전략만 잘 확립되어 있어도 훨씬 좋은 컨디션과 상황에서 시험을 볼 수 있다. 반대로 전략이 없다면 자신의 실력보다 훨씬 못 미치는 점수를 받는다. 따라서 구체적으로 시험을 어떻게 헤쳐나갈지 과목별로 미리 전략을 짜놓아야 한다.

나 같은 경우 국어는 아래와 같이 전략을 짰다. 독서에서 고난도 문제가 출제될 확률이 높기 때문에 가장 많은 시간을 분배했다.

| | |
|---|---|
| 8:40~8:50 | 언어와 매체 |
| 8:50~8:55 | 독서론 |
| 8:55~9:05 | 과학기술 지문 |
| 9:05~9:35 | 독서 나머지 2지문 |
| 9:35~10:00 | 문학 +마킹 |

국어 시험 직전에는 책상 위에 아무것도 올려두면 안 되고, 5분 정도 대기해야 한다. 이때 멍하니 있다가 종이 울린 다음 곧바로 글을 읽기 시작하면 잘 안 읽힐 수 있다. 그래서 나는 독서 기출 지문 중 문장 구조가 복잡한 문장 하나를 수능 2주 전부터 외웠다. 그리고 시험 대기 시간 동안 그 문장을 속으로 계속 되뇌었다. 이렇게 하면 예열 지문으로 끌어올린 집중력이 대기 시간 동안에도 떨어지지 않아 좋은 컨디션으로 시험을 시작할 수 있다.

국어는 심리적 요인에 영향을 많이 받는 과목이기 때문에 상황마다 마음가짐을 전부 달리해야 한다. 수능은 단순히 문제를 잘 푸는 것만으로는 좋은 결과를 얻을 수 없다. 흔들리지 않는 멘탈, 실전에 대한 생각, 변수의 대처 등 다양한 요소가 영향을 미친다. 대비할 수 있는 것은 최대한 대비하고, 나머지는 하늘에 맡기는 것이 최선의 행동이다.

수학과 과학탐구에서는 필요한 마음가짐이 딱 한 가지다. 바로 '찌질하게 싸우자'이다. 수학 시험을 볼 때는 강한 문제에는 약하게 굴고, 약한 문제에는 강한 척을 해야 한다. 난도가 높은 문제는 일단 뒤로 넘기고, 쉬운 문제는 기세를 몰아서 빠르고 정확하게 풀어야 한다는 뜻이다. 인정사정없이 풀어버리고 떠나야 한다.

쉬운 문제임에도 미련을 갖고 제대로 풀었는지 계속 확인하면 뒤의 강한 문제들을 풀 시간이 없다. 아직 한창 문제를 풀고 있는데 어려운 문제를 만난다면 찌질해 보여도 어쩔 수 없다. 도망가자. 한 번 막히면 그 순간에는 바로 풀기 힘들기 때문이다. 일단 도망간 후, 흐름을 타고 돌아와서 다시 풀어야 한다.

9번, 11번, 심지어 3점 문제처럼 원래는 잘 풀리던 번호대나 유형들도 수능 날에는 잘 안 풀릴 수 있다. 그럴 때는 그냥 이게 어려운 문제라고 생각하고 넘겨야 한다. 번호대에 속으면 안 된다. 30번이 29번보다 쉬울 수도 있고, 14번이 15번보다 어려울 수도 있다.

사실 말이 쉽지, 막힌 문제를 만났을 때 빠르게 넘기는 것은 쉬운 일이 아니다. 하지만 이성적으로 생각해 보자. 막힌 문제를 빠르게 넘겨야 하는 것은 너무나 당연하다. 막힌 문제는 내가 '못 푸는' 문제이고, 뒤에는 내가 '풀 수 있는' 문제가 기다리고 있을 수도 있기 때문이다. 막힌 문제를 계속 잡고 있다가 시간이 없어서 뒤의 문제를 보지도 못하고 끝난다면, 평소 내 실력에 못 미치는 점수를 받을 수밖에 없다. 설령 막힌 문제를 결국은 풀어서 맞혔다고 해도 사용한 시간만큼의 기대 점수가 감소한다.

많은 수험생이 막힌 문제를 넘기는 것을 두려워한다. 이 문제를 넘기면 점수가 더 낮아질 것 같고, 감점을 확정 짓는 것 같고, 고통스럽기 때문이다. '막힌 문제'를 넘기는 것은 손실이 아니다. '현재 내가 풀지 못하는 문제'에 시간을 쓰는 것을 손실로 인식해야 한다.

나는 내가 가르치는 학생들에게 모의고사를 치르러 가기 전, 매번 귀에 못이 박히도록 '막히면 빠르게 넘겨라'라고 말한다. 잘하던 학생들이 처참한 시험 점수를 받아 와서 왜 그랬는지를 살펴보면, 백이면 백 '막힌 문제를 넘기지 못해서' 또는 '앞에 문제가 어려워서 멘탈이 나가서'이다.

나 또한 그런 경험을 많이 해봐서 쉽게 넘길 수 없다는 것을 안다. 그래서 연습할 때부터 넘기는 경험을 직접 해보고, 실제로 빠르게 넘겼을 때 점수가 더 잘 나온다는 사실을 깨달아야 한다.

## 🔍 '시험은 기세'라는 것을 명심하자

많은 학생이 수능을 준비할 때 '공부'에만 초점을 맞춘다. 하지만 수능 당일에 긴장감에 휩싸여 제 실력을 발휘하지 못하는 경우를 수도 없이 봤다. 수능을 코앞에 둔 누군가에게 단 한마디만 조언할 수 있다면 "시험은 기세다"라고 말해주고 싶다. '시험을 치르는 데 무슨 기세가 필요하지?'라고 생각할 수 있다. 지금은 못 느끼겠지만 수능 시험장에 들어가면 공부량이나 실력 이상의 무언가가 작용하고 있음을 실감할 것이다. 그 무언가는 시험을 보는 동안 자신의 지식과 능력을 최대한 발휘할 수 있도록 이끄는 힘, 바로 '기세'다. 시험 직전에 느끼는 긴장감을 긍정적인 에너지로 바꾸는 태도나 결정적인 순간에 흔들리지 않는 자신감, 예상치 못한 문제를 만났을 때 당황하지 않고 침착하게 풀어내는 집중력 등은 기세에서 비롯된다고 할 수 있다.

이를 방지하려면 평소에 마음을 다스리고 연습도 매우 중요하다. 기세를 기르기 위해서는 무엇보다 '자신감'이 필수다. 올바른 자신감은 지금까지 쌓아 온 노력과 실력을 믿고 의지하는 태도에서 비롯된다. 수능을 준비하는 과정에서 실전 모의고사를 통해 자신의 약점과 강점을 깨닫게 된다. 약점 보완을 위한 복습이나 오답 정리 같은 구체적인 실천도 중요하지만 동시에 '내가 이 정도 문제를 이만큼이나 풀어낼 수 있다'는 긍정적인 확신을 자신에게 부여할 필요가 있다. 공부를 통해 얻은 실제적 능력과 긍정적인 사고가 조화를 이룰 때, 위축되지 않고 제 실력을 발휘할 수 있는 기세가 생긴다.

결국 수능에서 성공하기 위해서는 '공부'와 '심리' 두 가지 측면에서 완벽히 준비되어 있어야 한다. 꾸준히 쌓은 공부 실력을 바탕으로 올바른 문제 해결 방법을 익히고, 동시에 심리적인 안정감을 찾으며 자신감을 유지하는 것이 핵심이다. 수능 시험장에 들어설 때 느끼는 약간의 긴장감은 자연스러운 것이고, 또한 필요한 것이다. 그 적당한 긴장감이 즉 기세로 바뀔 때 자신이 평소에 갈고닦은 실력을 아낌없이 발휘할 수 있다. "시험은 기세다." 수능에서는 이 태도 하나만 꼭 명심하고 자신감 있게 풀고 오면 된다.

# 묵묵히 하나씩 쌓아가기

수능은 쉽지 않다. 대부분의 학생에게 이때까지 주어진 과업 중 가장 힘겨운 과업이 될 것이다. 이상과 현실의 괴리에 좌절하는 날이 많을 것이고, 수험생이라는 이름 자체가 마음을 짓누를 것이다.

그럴 때마다 나는 묵묵히 하나씩 쌓는 것에 집중하기로 했다. 멀리 펼쳐져 있는 험난한 산봉우리들을 보고 있으면 그 풍경 자체가 압박으로 다가온다. 내 앞에 있는 한 걸음, 발자국 하나에 온 신경을 집중했다. 이번 걸음은 저번 발자국보다 약간 더 나은 걸음이기만 하면 된다. 그 약간 더 나은 걸음을 매일 쌓다 보면, 어느 순간 뒤를 돌아보았을 때 발밑에 펼쳐진 산봉우리들을 보고 스스로 감탄하는 날이 올 것이다. 내가 할 수 있는 최선의 일은, 후회 없이 한 걸음을 내딛는 것, 그 이상도 이하도 아니다.

한때 과거의 수능 수석들의 인터뷰를 보면서 경외감을 느낀 적이 있다. 압도적인 실력과 자신감이 넘볼 수 없는 경지처럼 보였다. 나와 너무 큰 괴리가 있었기 때문에 어쩌면 당연한 감정이었다. 하지만 지금은 그들도 그저 남보다 조금 더 묵묵히, 조금 더 꾸준히 하나씩 쌓다 보니 어느새 그 자리에 서 있다는 것을 안다.

지난날 그들도 우리와 똑같은 길을 걸었다. 그들에게도 처음으로 미분을 배운 순간이 있고, 처음으로 독서 지문에 좌절한 순간이 있다. 처음부터 완벽한 실력을 가지고, 자신이 정상에 서게 되리란 걸 아는 것을 안 사람은 없다. 모두가 자신 앞에 놓인 것을 묵묵히 하나씩 쌓다 보니 생각보다 많은 것을 이루게 된 것이다. 너무 먼 곳을 보며 좌절하지 말고, 정상에 서서 기뻐하는 내 모습만 상상하며 당장 내딛는 한걸음에 집중하자.

물론 하루하루를 완벽하게 보내는 것은 불가능에 가깝다. 열심히 짠 계획대로 흘러가지 않고, 때로는 모르는 문제 앞에서 좌절할 수도 있다. 하지만 그런 순간조차도 '하나를 더 쌓는 과정'임을 꼭 기억했으면 한다. 실수하고 넘어져도 괜찮다. 만족은 결과가 아닌 과정에서 온다. 툭툭 털고 일어나 한 걸음을 내딛는 과정이 더 큰 도약을 위한 밑거름이 될 것이다. 올바르고 단단한 과정을 보내며 작은 성취와 몰입을 꾸준히 경험했다면 결과는 뒤따라오기 마련이다. 매일을 치열하게 보냈다면, 설령 기대했던 결과가 아닐지라도 그 과정에서 깨닫는 것이 분명히 있을 것이다. 그것이 진정한 공부에서의 성장이다.

성적, 목표 대학, 경쟁 상대처럼 당장 바꿀 수 없는 것에 얽매이지 말자. 그런 외재적 목표에 집착할수록 자기 확신이 옅어지기 마련이다. 묵묵한 사람의 경쟁 상대는 '어제의 나'이고, 목표는 '더 나은 오늘 보내기'이다. 가장 만만하지만 가장 까다로운 상대가 나 자신이다. 각종 유혹과 권태를 이겨내고 더 나은 한 걸음을 내딛는 것이 묵묵히 하나씩 쌓아가기 위한 방법이다.

또한 모든 학생이 몰입의 경험을 한 번씩은 꼭 느껴봤으면 좋겠다. 몰입은 나도 모르게 공부에 빠져들어 온 세상에 책과 나밖에 없는 듯한 무아지경의 상태다. 공부를 할 때는 시간 감각을 잃어버리며, 자나 깨나 공부 생각을 한다. 몰입의 상태에 들어갔을 때의 쾌감은 겪어본 사람만이 안다. 그 쾌감이 열정을 유지한 채 지루한 수험 생활을 보낼 수 있는 가장 강한 원동력이다. 한번 몰입의 경험을 했고 그 경험에서 새로운 감각을 느꼈다면, 이제 실력이 오르는 것은 시간문제다. 무아지경의 상태에 빠진다면 이룰 수 없는 일은 존재하지 않는다.

만약 이 책이 조금이라도 더 나은 한 걸음을 위한 방향을 제시해 줬고, 몰입의 상태에 들어가기 위한 시작점이 되었다면, 나는 더할 나위 없이 기쁠 것 같다. 다만 이제 시작이니까, 이 글을 읽을 때의 열정과 뜨거움을 간직하며 후회 없는 과정을 만들었으면 한다. 후회 없는 과정에는 후회 없는 결과가 따라오기 마련이다.

혹시라도 이 책을 통해 좋은 과정과 결과를 만들어냈다면, 내게 편하게 연락해 주기 바란다. 그 기쁨을 함께 나눌 수 있다면 정말 보람찰 것 같고, 누구보다 기쁘게 축하해 줄 것이다. 모든 수험생들이 만족스러운 과정과 그에 따라오는 결과를 일궈내기를 진심으로 응원한다. 행운을 빈다!

# 수능 만점 비밀과외

**초판 1쇄 인쇄** 2025년 2월 13일
**초판 1쇄 발행** 2025년 2월 26일

**지은이** 아크미
**펴낸이** 김선식

**부사장** 김은영
**콘텐츠사업2본부장** 박현미
**책임편집** 남슬기 **책임마케터** 박태준
**콘텐츠사업7팀장** 김민정 **콘텐츠사업7팀** 김단비, 이한결, 남슬기
**마케팅1팀** 박태준, 권오권, 오서영, 문서희
**미디어홍보본부장** 정명찬 **브랜드홍보팀** 오수미, 서가을, 김은지, 이소영, 박장미, 박주현
**채널홍보팀** 김민정, 고나연, 변승주, 홍수경 **영상홍보팀** 이수인, 염아라, 석찬미, 김혜원, 이지연
**편집관리팀** 조세현, 김호주, 백설희 **저작권팀** 성민경, 이슬, 윤제희
**재무관리팀** 하미선, 임혜정, 이슬기, 김주영, 오지수
**인사총무팀** 강미숙, 이정환, 김혜진, 황종원
**제작관리팀** 이소현, 김소영, 김진경, 이지우
**물류관리팀** 김형기, 김선민, 주정훈, 양문현, 채원석, 박재연, 이준희, 이민운
**외부스태프** 디자인 정윤경, 스튜디오 수박

**펴낸곳** 다산북스 **출판등록** 2005년 12월 23일 제313-2005-00277호
**주소** 경기도 파주시 회동길 490 다산북스 파주사옥
**전화** 02-704-1724 **팩스** 02-703-2219 **이메일** dasanbooks@dasanbooks.com
**홈페이지** www.dasan.group **블로그** blog.naver.com/dasan_books
**용지** 스마일몬스터피앤엠 **인쇄 및 제본** 한영문화사 **코팅 및 후가공** 평창피엔지

ISBN 979-11-306-6419-4 (13370)

다산북스(DASANBOOKS)는 책에 관한 독자 여러분의 아이디어와 원고를 기쁜 마음으로 기다리고 있습니다.
출간을 원하는 분은 다산북스 홈페이지 '원고 투고' 항목에 출간 기획서와 원고 샘플 등을 보내주세요.
머뭇거리지 말고 문을 두드리세요.